Nur die Harten — bleiben im Garten!

THOMAS HESS

Inhalt

Keine Seltenheit mehr:
Taubenschwänzchen im Beet.

Der Garten im Wandel

Es gibt doch noch Schnee, wo ist also der Klimawandel? Ok, ein paar milde Winter gab es ja, aber dann doch auch wieder normale Winter mit Schnee und Frost. Eben – normale Winter. Normal ist das Regelmäßige. Wenn man auf Schnee extra hinweisen muss, ist das nicht normal. Milde Winter werden laut Experten zum Normalfall, kalte fallen immer häufiger aus dem Rahmen.

DER KLIMAWANDEL KOMMT

Wir sind am Anfang des Klimawandels – es wird wärmer. Und wenn die aktuelle Lebensweise der Menschen diesen vorantreibt, wird er sich auch verstärken. Aufhalten wird ihn nichts, außer einem kompletten Sinneswandel aller Menschen mit Verzicht auf persönlichen Komfort. Das ändern weder Gesetze noch Aktionen einzelner Länder.

SICH GEGEN DIE FOLGEN WAPPNEN

Gärtner waren und sind immer erfinderisch. Da werden sie sich auch mit den Folgen des Klimawandels arrangieren. Ein bisschen umdenken muss man schon, sich aber vor allem anpassen und den sich ändernden Takt der Natur erkennen und berücksichtigen – und negative Folgen abmildern. Die Auswahl robuster Pflanzen alleine reicht nicht, es ist die Verzahnung vieler Methoden – von der Bodenverbesserung bis zur Bewässerung.

DIE GÄRTEN WERDEN ANDERS AUSSEHEN

Die Jahreszeiten verschieben sich, bekommen neue Gesichter oder vermischen sich. Vor allem die zu erwartenden Starkregen und die Trockenheit erfordern neue Beetideen und Maßnahmen. Klassiker wie riesige Zierrasenflächen oder prall gefüllte Rabatten mit durstigen und hungrigen Prachtstauden werden es schwer haben.

Was auf den Gärtner zukommt

Auch wer den Klimawandel für ein Märchen hält, muss zugeben, dass sich die Prognosen von Wetterexperten immer häufiger bemerkbar machen. Das Wetter wird extremer: Trockenheit im Frühjahr, Hitze im Sommer und nass-kühle Winter.

Der Boden wird wärmer, Unkraut wächst ganzjährig.

GEÄNDERTE JAHRESZEITEN

Klassische Jahreszeiten verschieben sich und interessieren sich nicht mehr für den Kalender. Daher sind altüberlieferte Termine für wichtige Gartenarbeiten wenig hilfreich. Die Natur ist der gewohnten Zeit meist voraus. Der sogenannte phänologische Gartenkalender wird wichtiger, der Gartenarbeiten bestimmten Entwicklungsstadien zuordnet – ob diese nun im März oder April auftreten. Rosen werden

Haseln blühen immer früher.

nach wie vor geschnitten. Aber nicht stur im März, sondern eben zur Zeit der Forsythienblüte. Wenn die Schneeglöckchen blühen, ist der Boden schon erwärmt und damit beginnt die Pflanzzeit für Bäume und Sträucher.

DER BODEN WIRD WÄRMER

War der Winter immer die Zeit der Ruhe, muss man künftig ganzjährig mit Unkraut rechnen und jäten. Wichtig: Mulch. Der bedeckt den Boden nicht nur, sondern regelt auch die Temperatur. Mulcht man im Frühjahr bei kaltem Boden, kann man den sommerlichen Temperaturanstieg im Boden etwas abmildern.

WETTEREXTREME NEHMEN ZU

Trockenere Sommer, mildere und feuchtere Winter, dem muss der Gärtner mit gezielter Bodenbearbeitung und angepasstem Gießverhalten entgegentreten. Ganz grob: Seltener, aber intensiver gießen, auf robuste Pflanzen setzen (ab S. 59) und

Wetterextreme nehmen zu.

Schädlinge werden lästiger.

CHECKLISTE

GEÄNDERTE JAHRESZEITEN:
Gartenarbeiten anhand von Entwicklungsstadien bestimmter Zeigerpflanzen durchführen

DER BODEN WIRD WÄRMER:
mulchen im Frühjahr gegen sommerlichen Temperaturanstieg

WETTEREXTREME NEHMEN ZU:
daher Bodenfruchtbarkeit fördern, robuste Pflanzen setzen, weniger aber intensiver gießen

SCHÄDLINGE WERDEN LÄSTIG:
Exoten kommen, heimische schaffen mehr Generationen

den Boden so fruchtbar wie möglich machen – und erhalten. Nur dann ist er ein Wasserspeicher und kann Wetterextreme abmildern.

SCHÄDLINGE WERDEN LÄSTIG

Es geht gar nicht mal um irgendwelche exotischen Schädlinge aus den Tropen oder dem Mittelmeerraum, die es sich hier dank mildem Klima gemütlich machen. Die werden vermutlich auch verstärkt kommen, aber bis dahin profitieren die heimischen Schädlinge vor allem von milden Wintern und dem verlängerten Herbst. Die Schädlinge schaffen mehr Generationen im Jahr, die vielen Tiere kommen auch noch besser über den Winter und schlagen dann deutlich früher als sonst zu. Buchsbaumtriebsterben und Buchsbaumzünsler werden gerne mit dem Klimawandel in Verbindung gebracht, sind es aber nicht. Zikaden und Wanzen sind dagegen echte Klimaprofiteure, die Hitze lieben (siehe auch S. 12/13).

RASENMÄHER UND FUTTERHAUS – ZWEI, DIE SICH IMMER HÄUFIGER BEGEGNEN WERDEN, DA DER HERBST IMMER ÖFTER IN DIE VERLÄNGERUNG GEHT UND DER RASEN WEITER WÄCHST. DER MÄHER KOMMT DEUTLICH SPÄTER IN DIE WINTERPAUSE.

Gartenplanung auf Extreme abstimmen

Neues Klima erfordert neue Strategien. Man kann das Gärtnern natürlich nicht neu erfinden, aber die Möglichkeiten der Gartenarbeiten neu kombinieren und vor allem aufeinander abstimmen.

Gartengestaltung überdenken: Terrassen bremsen ablaufendes Wasser.

GARTENGESTALTUNG ÜBERDENKEN UND ANPASSEN

Sanfte Hügel im Garten können großflächige Austrocknung mindern, in den Senken wird es immer feuchter sein. An einem Hang bremsen Hügel zudem abfließendes Regenwasser. Gemüsebeete am Hang möglichst so bepflanzen, dass die Reihen parallel zum Hang stehen. Das wirkt ebenfalls wie eine Wasserbremse. Bei der Gartenplanung in großen Gärten lohnt es sich, von vornherein einen Windschutz in Form von Hecken miteinzubeziehen und so künftige Schäden durch loses Gartenequipment oder zerzauste Pflanzen zu reduzieren. Hecken aus heimischen Gehölzen wie Schneeball, Schlehe oder Hartriegel wirken – allerdings wegen der nötigen Grenzabstände nur in größeren Gärten – als Windbremse und die Pflanzen halten auch starken Wind aus. Halten Sie wenn möglich Frischluftschneisen frei, damit schon die kleinste Luftbewegung Erleichterung bringt.

WÄRMEQUELLEN ABMILDERN

Die Erwärmung macht sich besonders in Städten bemerkbar, die auch auf Temperaturverteilungskarten wie Inseln aus dem Umland ragen. Wenig Luftbewegung und vor allem die Wärme abstrahlender Gebäude verstärken die Erwärmung, die den Gärten ein merklich wärmeres Mikroklima verpasst. Nicht zu unterschätzende Wärmequellen sind Kiesgärten, die Sonnenwärme speichern und sie nachts wieder wie ein Ofen an die Umgebung abgeben. Und inzwischen gibt es viele dieser Öfen! Verbessern Sie das Mikroklima im Garten, das sorgt schon für Abkühlung: Pflanzen Sie Laubbäume als Sonnenschutz, die außerdem genauso wie auch berankte Wände durch die Verdunstung ihre Umgebung kühlen und Feinstäube filtern. Wo der Platz fehlt, erfüllen begrünte Pergolen einen ähnlichen Zweck. Gartenteiche können für Tiere überlebenswichtig sein und können in großen Gärten notfalls auch mal als Wasserquelle dienen.

DIE BEPFLANZUNG CHECKEN

Sie müssen jetzt nicht gleich alles rausreißen, umgestalten und neu pflanzen, die Auswirkungen des Klimawandels zeigen sich natürlich erst nach und nach. Darauf sollten Sie sich beim Neugestalten einstellen und dann von Anfang auf robuste und für den Standort geeignete Pflanzen zählen. Wer erst mal alles beim Alten lassen

SPRÜHNEBEL KANN PFLANZEN IM GEWÄCHSHAUS ABKÜHLEN.

Teiche kühlen die Umgebung.

Helenium & Co.: Robuste wählen

CHECKLISTE

AUSTROCKNUNG MINDERN: Hügel anlegen, Hangbeete parallel bepflanzen, Windschutzhecken planen

WÄRMEQUELLEN ABMILDERN: Verzicht auf Kiesgärten, Laubbäume und begrünte Pergolen als Sonnenschutz anpflanzen, Gartenteiche anlegen

BEPFLANZUNG: robuste, für den Standort geeignete Pflanzen wählen

und abwarten will, sollte sich mit reichlichen und erhöhten Wassergaben abfinden und sich darauf einstellen: Entweder mit dem Sammeln von Regenwasser oder einer automatischen Bewässerung. Natürliche Pflanzengemeinschaften sind das beste Vorbild, setzen Sie möglichst auf heimische Arten. Ysop *(Hyssopus officinalis)* etwa kommt fast ohne zusätzliche Wassergaben aus. Ebenso robust sind Steppenpflanzen wie Mädchenauge *(Coreopsis)*, Purpur-Sonnenhut *(Echinacea purpurea)* oder Blauraute *(Perovskia)*. Weitere ab S. 59.

IN TECHNIK INVESTIEREN

In eine Gartenbewässerung kann man viel investieren. Ob sich das lohnt, ist eine simple Rechenaufgabe und auch von der eigenen Bequemlichkeit abhängig. Ebenso für Gewächshausgärtner kann sich eine Investition lohnen – in Nebeldüsen. Denn die Sommernutzung von Gewächshäusern kann wegen möglicher Hitzeperioden problematisch werden, bei Temperaturen über 30 °C bremsen Außenschattierungen zwar das Sonnenlicht, es wird im Inneren aber sehr warm. Abhilfe schaffen Nebeldüsen, die einen feinen Nebel erzeugen, der sich als Wasserfilm auf Pflanzen legt und sie durch Verdunstungskälte kühlt.

Was wird denn besser?

Der größte Vorteil vom Klimawandel ist die um bis zu einem Vierteljahr verlängerte Gartensaison, was sich besonders bei Obst und Gemüse bemerkbar macht. Aber auch Kübelgärtner profitieren von milderen Wintern.

Die Freiluftperiode dauert länger.

Oleander überwintert oft draußen.

LÄNGERE FREILUFTPERIODE

Sie müssen Kübelpflanzen erst spät einräumen, nach dem ersten Frost im Oktober oder November bleibt es oft wochen- oder sogar monatelange immer noch über 0 °C, das reicht für robuste Pflanzen. In den ersten Frostnächten stellen Sie die Kübel einfach ins Haus oder die Garage und nachher wieder ins Freie. Erst wenn Frostperioden drohen, kommen die Pflanzen ins endgültige Winterquartier. Manche Kübelpflanzen wie Oleander, Olivenbaum und *Agapanthus* (Schmucklilie) können wohl in immer mehr Gegenden sogar nahezu den ganzen Winter draußen bleiben. Oleander verträgt Temperaturen bis -5 °C problemlos. Im Frühjahr geht's dann auch wieder zeitig ins Freie – mit kritischem Blick aufs Wetter.

DEN VERLÄNGERTEN HERBST NUTZEN

Im Spätsommer können Sie ruhig noch durstiges Kohlgemüse pflanzen. Weil es dann in der Regel auch regelmäßig regnet, haben Sie keinen Gießstress. Wenn die Beete im Herbst frei werden, können Sie wie gewohnt Gründüngerpflanzen aussäen (siehe S. 18/19) – oder Sie probieren es noch mit einer weiteren Kultur und hoffen, dass es nicht so schnell friert. Salat wächst durchaus bis in den Dezember. Die Bayerische Gartenakademie Veitshöchheim empfiehlt ab September auch Blatt-, Kohl- und Wurzelgemüse wie Radicchio, Zucker-

Den verlängerten Herbst nutzen

Neues Gemüse ausprobieren

hut, Chinakohl, Rettich, Pak Choi oder Senfkohl. Halten Sie aber ein Schutzvlies bereit, das Sie bei Frost doppelt auflegen. Der Anbau von Fruchtgemüse wird aber nach wie vor vom ersten Frost beendet, Vlies schützt es nicht. Spät gesäter Chinakohl, Pak Choi oder Zuckerhut kommt bei Frost in den Keller und lagert dort. Wenn Sie die äußeren Blätter dran lassen, vertrocknen diese zwar, im Inneren bleibt's aber frisch. Auf die Beete kommt nach der Ernte Mulch.

NEUE SORTEN AUSPROBIEREN

Für Obstbauern werden Sorten mit früherer Blüte und damit auch früherer Erntezeit interessant, so wie die Äpfel 'Wellant' oder 'Rockit'. Die Spätfrostgefahr bleibt natürlich. Das ist auch der Grund, weshalb sich Exoten wie Andenbeere, Guave oder Granatpfel immer noch überwiegend nur für experimentierfreudige Gärtner lohnen, die sich von einem Fehlschlag nicht entmutigen lassen. In den jetzt bereits wintermilden Gebieten werden allerdings vermutlich auch irgendwann solche Exoten im Freiland wachsen. Und eigentlich empfindliche Gewächshauskulturen wie Artischocken, Auberginen oder Melonen können sich bald auch fürs Freiland lohnen.

HITZE ALS HELFER

Ja, Hitze kann auch helfen. Beim Pflanzenschutz etwa. Der Erreger vom Buchsbaumtriebsterben geht bei mehr als 30 °C ein. Stellen Sie befallene Pflanzen in die pralle Sonne. Auch Buchsbaumzünsler können Sie mit Hitze bekämpfen: Bei Sonne eine durchsichtige Folie drüber und unten zubinden – den Hitzestau überlebt keine Raupe. Kirschessigfliegen hassen Hitze, schließlich werden ihre Männchen ab 28 °C steril.

Gewinner und Verlierer

Der Klimawandel macht die Natur zum Verschiebe-Bahnhof. Die einen breiten sich mehr aus, die anderen bekommen Probleme.

Admiral ⬆

Die Schmetterlinge sind bisher jedes Jahr aufs Neue aus dem Mittelmeerraum eingewandert, überwintern inzwischen aber in Mitteleuropa und haben dort sogar eigene Ganzjahrespopulationen etabliert.

Ambrosie ⬆

Eine vermutlich mit Vogelfutter aus Nordamerika eingeschleppte Pflanze, die sich in warmem Klima pudelwohl fühlt. Richtig fies: Die Pollen sind hochallergen und lösen extreme Heuschnupfenattacken aus.

Borkenkäfer ⬆

Unter Trockenheit leiden Fichten und Kiefern – das begünstigt Borkenkäfer. Normalerweise harzen die Bäume deren Gänge einfach zu. Gestresste Bäume bilden aber wenig Harz, die Käfergänge bleiben frei.

Fichte ⬇

Die Bäume wurzeln flach, was ihnen im Klimawandel doppelt zusetzt: Trockenheit führt zu Stress und Schädlinge haben ein leichtes Spiel. Stürme werfen die schlecht in der Erde verankerten Bäume leicht um.

Hausrotschwanz ⬆

Der Herbst verlängert sich, der Hausrotschwanz kann eine Brut mehr großziehen und später ins Überwinterungsgebiet ziehen. Oder – wie immer mehr Vögel – einfach gleich in Mitteleuropa überwintern.

Japan-Knöterich

Platz da, ich wachse! Und das nicht zu knapp. Die eingeschleppte Art macht vor nichts Halt. Vor gar nichts. Die Triebe wachsen sogar durch Asphalt. Sieht man sie im Garten, samt Rhizom ausgraben!

Meisen

Kohl- und Blaumeisen profitieren vom Klimawandel und beginnen ihr Brutgeschäft zwei Wochen früher. Pech für später kommende Zugvögel, die dann vor besetzten Revieren stehen!

Star

Wenig Frost, kaum Fruchtfall: Der Star kann sich von Früchten ernähren, die im Winter an den Bäumen hängen – und dort immer noch sind, wenn er immer früher aus dem Winterquartier zurückkommt.

Stechpalme

Der einzige immergrüne Laubbaum Mitteleuropas. Stechpalmen machen sich inzwischen aber auch in Skandinavien breit, wo es ihnen bisher eigentlich immer zu kalt gewesen ist.

Indisches Springkraut

Als Gartenpflanze eingeführt, für die Natur zu wüchsig. Die Samen fliegen meterweit, Jungpflanzen wachsen bei Trockenheit und Hitze, wenn andere Pflanzen schon längst schlapp machen – und verdrängen diese.

Taubenschwänzchen

Kolibris an Geranie oder Sommerflieder? Nein, ein Nachtfalter, der allerdings oft tagaktiv ist. Die Falter aus dem Mittelmeerraum fühlen sich inzwischen bei uns wohl – und wandern weiter nordwärts.

Extremes Wetter erfordert neue Strategien für die Gartenpraxis.

Gartenpraxis bei extremem Wetter

Neben üblicher Pflegemaßnahmen wird die Erhöhung der Stresstoleranz des Gartens wichtiger. Hier kann der Gärtner beim Pflanzen und Pflegen clever vorbeugen und eingreifen.

CLEVER GÄRTNERN BEI ZUNEHMENDER TROCKENHEIT

Tricksen Sie Trockenheit mit Frühgemüse aus, die wie Saubohnen oder Erbsen noch vor der Trockenheit im Sommer reifen. Setzen Sie auch auf Gemüse wie Rote Bete, Wurzelpetersilie oder Pastinaken. Das wurzelt tief – früh gesät, schon bis Juni fast einen Meter, was die Pflanzen trockenheitstolerant macht. Möhren, Salat oder Kohlrabi mögen dagegen Hitze nicht, bei ihnen gehören Schattiervliese wohl bald zur Grundausstattung.

SONNENBRAND AN PFLANZEN

Obst bekommt bei hoher Einstrahlung einen Sonnenbrand, besonders Säulenobst und schwach wachsendes Obst mit schmaler Krone. Dort helfen, wie auch bei kleinen Bäumen, Schattiernetze. Warten Sie mit dem Sommerschnitt bis August, das Laub dient noch als Sonnenschirm. Schneiden Sie generell nie in praller Sonne, die weiter innen liegenden Blätter sind danach der Sonne ausgeliefert und bekommen einen Sonnenbrand.

DER UMGANG MIT STARKREGEN

Wo würden Sie als Regen schneller versickern? In einem Schwamm oder einem Stück Holz? Beim Boden ist es genauso. Fördern Sie alles, was die Wasserhaltefähigkeit des Bodens erhöht und Regen möglichst rasch versickern lässt. Schon Mulch wirkt Wunder – er bremst die Wucht großer Tropfen.

Unser Gartenboden

Bei den braunen Krümeln handelt es sich nicht um leblose Masse – oder sollte es jedenfalls. Der Name Mutterboden impliziert ja schon, dass der Boden mehr Aufgaben hat, als den Pflanzen bloß Halt zu geben.

Optimaler Boden mit lockerer Struktur

NIE OHNE SEINE HELFER

Der Boden macht Pflanzenwachstum erst möglich, er nimmt Wasser und Nährstoffe auf, speichert sie, leitet Wasser weiter und gibt Nährstoffe und Wasser an die Pflanzen ab. Das zeigt schon, wie wichtig er ist, denn das ist Schwerstarbeit und nur mithilfe von unzähligen Bodenlebewesen zu erreichen, die man daher, wo es nur geht, hegen und pflegen sollte. Bei Bodenbewohnern hat man vielleicht noch nützliche Regenwürmer vor Augen, meist aber Schädlinge wie Engerlinge oder Drahtwürmer. Die gibt es auch, natürlich. Aber nur gelegentlich. Nützliche Bodenlebewesen tummeln sich in nicht mehr zu zählender Anzahl im Boden, sie bauen organische Masse ab, um und wieder auf – und machen ihn krümelig.

DEN BODEN PFLEGEN UND VERBESSERN

Mehr Hitze und Trockenheit zwingen den Gärtner dazu, den Boden zu schützen

Offener Boden neigt zur Auswaschung.

Lupinen machen den Boden gut.

AUF GRÜNDÜNGUNG SETZEN

Durch ihren dichten Wuchs unterdrücken Gründüngungspflanzen lästiges Unkraut und liefern nach Einarbeitung Humus. Die Pflanzen lockern den Boden mit ihrem oft meterlangen Wurzelgeflecht und können damit sogar Bodenverdichtungen lösen. Der Clou bestimmter Gründünger, nämlich der Leguminosen, ist die Stickstoffgewinnung aus der Luft: Dank bestimmter Bakterien an den Wurzeln schnappen sie sich den reichlich vorhandenen Stickstoff aus der Luft und lagern ihn ein. Nach Einarbeitung der Pflanzen reichert er sich im Boden an.

und seine Wasserspeicherfähigkeit so gut es geht zu erhöhen. Bodenmanagement ist wichtig, um das Beste aus seinem persönlichen Gartenboden zu machen und den optimalen Zustand dann dauerhaft zu erhalten. Das geht im Gemüsegarten besser als in Staudenrabatten oder bei Rasen, ist aber auch dort machbar. Ganz oben auf der To-do-Liste: Mulch, Humus und ab und zu Kalk. Und einfache Methoden, um Wasser länger im Boden zu halten. Humus hält den Boden im Prinzip zusammen und schützt damit vor Erosion. Außerdem ist er Speicher für Wasser und Nährstoffe und Puffermedium für Schadstoffe.

AUF NÄHRSTOFFFREISETZUNG REAGIEREN

Der Klimawandel verlängert die Vegetationsperiode und damit die intensivere Bodennutzung. Das ist auch gut, denn bei brachliegendem Boden werden Nährstoffe ausgewaschen – der Boden ist auch im Herbst noch so warm, sodass Mikroorganismen ohne Pflanzenbewuchs Humus umbauen und dabei Nährstoffe freisetzen. Wenn die keiner braucht, geht's ab ins Grundwasser. Späte Kulturen verhindern das. Oder Gründüngungspflanzen (siehe S. 18/19), die man als Zwischenkultur säen und auch über den Winter stehen lassen kann. Die Pflanzen frieren ab oder man schneidet sie ab. In beiden Fällen lässt man sie entweder einfach auf dem Boden liegen oder man gräbt sie unter.

Gründüngungspflanzen

Diese Gründüngungspflanzen bedecken die Erde, lockern sie und schützen vor Starkregen.

Bienenfreund
Phacelia tanacetifolia
Er ist mit keiner Gemüsepflanze verwandt und daher die ideale Folgekultur oder zum Aufbrechen der Fruchtfolge. Ein Bienenmagnet! Aussaat April bis Oktober.

Borretsch
Borago officinalis
Als Tiefwurzler holt er sich Nährstoffe aus tiefen Erdschichten und überlässt sie seiner Nachkultur. Insekten- und Bienenweide, Aussaat März bis Juli direkt ins Beet.

Feldsalat
Valerianella locusta
Vitaminreiches Wintergemüse mit tiefen Wurzeln. Als Gründünger wird Feldsalat von August bis Oktober ausgesät und im Frühling untergegraben. Ernten erlaubt!

Ägyptischer Klee
Trifolium alexandrinum
Die auch Alexandriner-Klee genannte Pflanze ist wüchsig, aber nicht frosthart. Sie lockert den Boden und reichert als Schmetterlingsblütler Luftstickstoff an.

Blut-Klee
Trifolium incarnatum
Heißt auch Inkarnat-Klee. Lockert 120 cm tief, lässt an der Oberfläche kein Unkraut durch. Frosthart. Luftstickstoffsammler, vor der nächsten Kultur untergraben.

Lupine
Lupinus angustifolius
Mit 2 m langen Wurzeln ideal zum Bodenlockern. Die Wurzelkanäle bleiben erhalten und sorgen für Wasserabzug. Aussaat April bis September. Verträgt Trockenheit.

Luzerne
Medicago sativa
Als Schmetterlingsblütler ein Luftstickstoffsammler. Luzerne wurzelt tief. Winterhart, im Frühjahr einfach untergraben. Aussaat März und September ins Beet.

Pferdebohne
Vicia faba
Lockert dichte Böden 80 cm tief und heißt auch Saubohne. Stickstoffsammler, der gut mit Trockenheit klarkommt, aber nicht winterhart ist. Aussaat von März bis Juli.

Sonnenblume
Helianthus annuus
Risenblüten, die Samen sind gutes Vogelfutter. Kaum bekannt: Sonnenblumen wurzeln 3 m tief und lockern die Erde. Saat von Mitte Mai bis Ende Juni ins Beet.

Studentenblume
Tagetes
Die beliebte Beet- und Balkonblume ist auch ein Bodendoktor, der schädliche Bodennematoden bekämpft. Aussaat von Ende April bis Juni. Achtung, Schnecken!

Winterroggen
Secale
Das Gras wird von September bis November gesät, wurzelt über 1 m tief. Keine Unverträglichkeiten mit Nachfolgekulturen. Unterdrückt Unkraut, guter Humusbilder.

Welchen Boden habe ich überhaupt?

Sand oder Lehm? Bevor Sie Bodenmaßnahmen ergreifen, müssen Sie zunächst einmal wissen, was für einen Boden Sie überhaupt im Garten haben. Und wie viel organische Masse er hat. Für beides gibt es einfache Tests.

Fast reiner Sandboden

Lehmiger Sand – idealer Boden

Tonboden – unbedingt verbessern

EINFACHE BODENPROBEN DURCHFÜHREN

Ein Boden ist ein Mix mineralischer Zutaten unterschiedlicher Korngröße: Sand ist am gröbsten, dann folgen Schluff, Lehm und Ton. Je schwerer ein Boden ist, desto mehr feine Bestandteile hat er. Die merkt man schon beim Gärtnern: Je schmutziger die Hände werden, desto lehmiger ist der Boden. Bei Regen klebt er an den Schuhen, bei Trockenheit wird er hart wie Zement. Die Bodenart bestimmt maßgeblich physikalische Eigenschaften wie Durchlüftung und Wasserspeicherfähigkeit – und somit auch das gärtnerische Tun.

ERDE VON MEHREREN STELLEN VERMISCHEN

Nehmen Sie eine Bodenprobe von unterschiedlichen Stellen im Garten aus einer Tiefe von 10 cm und mischen Sie alle in einem Eimer für einen guten Durchschnittswert. Achtung: Wenn Sie gleich auf den ersten Blick völlig verschiedenen Boden erkennen, mischen Sie die Proben nicht und untersuchen die Stellen separat.

DIE BODENART ABSCHÄTZEN

Die Bodenart lässt sich mit der Fingerprobe oder mit der Schlämmprobe abschätzen: Für die Fingerprobe versuchen Sie aus der Erde ein Würstchen zu formen. Zerfällt die Erde oder rieselt gleich zwischen den Fingern hindurch, haben Sie Sand. Ist der Boden gut zu einer fingerdicken Wurst formbar und wird die Hand

DAS ERGEBNIS DES PH-TESTS STEHT NACH WENIGEN MINUTEN ZUR VERFÜGUNG.

CHECKLISTE: BODENARTEN IM GARTEN

SANDIGER BODEN rieselt bei der Fingerprobe durch die Hand, kann Wasser und Dünger schwer halten und den Pflanzen zur Verfügung stellen. Aufbesserung mit Kompost und Lehm

LEHMIGER BODEN lässt sich zu einer fingerdicken Wurst formen, hält Wasser und Nährstoffe und kann sie an Pflanzen weitergeben, wird aber bei Trockenheit sehr hart. Ggf. mit Sand auflockern.

TONIGER BODEN lässt sich zu einer dünnen Wurst formen. Ggf. durch Kompost und Sand verbessern

SANDIGER LEHM lässt sich zu einer leicht bröckligen Wurst formen, perfekter Gartenboden für Bodenlebewesen, Pflanzen und Gärtner.

Trockener Lehm ist hart wie Beton.

Schlämmprobe: Humus schwimmt oben.

dabei schmutzig, haben Sie Lehm, bei einer leicht bröckeligen Wurst sandigen Lehm. Ton lässt sich zu sehr dünnen Würsten rollen.

SCHLÄMMPROBE FÜR BODENART UND HUMUSANTEIL

Bei der Schlämmprobe geben Sie etwas Boden in ein Wasserglas, schütteln kräftig und beobachten den Bodensatz: Sand setzt sich gleich ab, Humus schwimmt an der Oberfläche und Lehm bleibt noch lange als Trübung im Schwebezustand. Setzen sich grober Sand oder Kies ab und sind sie von einer dünnen Lage aus feinem – oft unterschiedlich gefärbtem – Tonmaterial bedeckt, haben Sie Sand. Sind die groben und feinen Schichten nahezu gleich dick, haben Sie normalen, guten Gartenboden. Mit zunehmender Dicke der Tonschicht über dem Sand wird der Boden immer schwerer und toniger.

DEN PH-WERT SELBST MESSEN

Um den pH-Wert zu messen, muss man kein Chemie-Ass sein. Es gibt Schnelltests im Baumarkt, mit denen man den Wert anhand einer Färbereaktion von einer Vergleichsskala ablesen kann. Etwas Boden in das mitgelieferte Glasröhrchen geben, destilliertes Wasser sowie die Färbetablette dazu und etwas warten (siehe auch S. 22).

UND WAS SAGT EINEM DIE BODENART?

Lehm hält Wasser und Nährstoffe fest und gibt sie auch an die Pflanzen ab, wird bei Trockenheit aber knüppelhart und bei Regen rutschig wie Seife. Sand ist von Hause aus locker, Wasser rauscht aber nur so durch und reißt den Dünger gleich mit, trockener Sand ist staubig wie Asche. Verteilen Sie empfohlene Düngermengen immer auf mehrere Gaben. Perfekt ist ein sandiger Lehm mit einem ordentlichen Schuss Humus, in dem sich Regenwürmer und andere Bodenlebewesen wohlfühlen.

Den Boden gut machen

Nur wenn Ton, Lehm, Sand und Humus ein gutes Verhältnis zueinander haben, besitzen Böden ausreichend Wasserspeicherkraft in Dürrezeiten und leiten einen Starkregen besser in den Boden ab.

Kompost wird untergegraben.

Pulver: Kalk wird aufgestreut und dann eingeharkt.

FÜR LEBENDIGEN BODEN SORGEN – UND IHN ERHALTEN

Den Gartenboden kann sich keiner aussuchen, ihn aber verbessern. Ein gesunder, belebter Boden ist der größte Wasserspeicher und -puffer, den es im Garten überhaupt gibt. Und der verhindert schon von sich aus lästige Verdichtungen. Ziel ist immer eine lockere Krümelstruktur mit Humus. Sand kann einen Lehmboden lockern, während Lehm einen Sandboden verbessert. Doch das reicht nicht, um die Bodenlebewesen zu Höchstleistungen anzuspornen. Und ohne die läuft im Boden gar nichts! Humus wie Mist, reifer Kompost oder auch alte Blumenerde füttern sie am besten, und das möglichst jährlich. Den zerlegen die Organismen in Pflanzennährstoffe und speichern den Rest als Dauerhumus, den sie mit Tonteilchen zu dauerstabilen Ton-Humus-Komplexen verbauen. Diese durchziehen den Boden wie eine Fachwerkstruktur aus Einzelbausteinen und halten ihn luftig, gleichzeitig sind sie aber auch ein Wasserspeicher. Kalk unterstützt die Ton-Humus-Teilchen.

KALKEN FÜR OPTIMALEN PH-WERT

Der pH-Wert zeigt den Säuregrad des Bodens an und ist fürs Pflanzenwachstum entscheidend. Die meisten Pflanzen lieben leicht sauren bis neutralen Boden, das entspricht pH 5 bis 7. Dann sind die meisten Nährstoffe im Boden löslich und für die Pflanzen voll verfügbar. Bei höheren und

UM EINEN BODEN NACHHALTIG ZU VERBESSERN, IST NATÜRLICH MEHR ALS EINE EINMALIGE BODENKUR NÖTIG. DER PROZESS ZIEHT SICH ÜBER MEHRERE JAHRE HIN.

Bodenaktivator gibt es in Säcken.

CHECKLISTE: BODENVERBESSERUNG

HUMUS: für sandige und sandig-lehmige Böden; als Mist oder Kompost

KALK: die meisten Pflanzen brauchen leicht saure Böden (Ausnahmen sind z. B. Heidelbeeren, Hortensien), um Nährstoffe gut aufzunehmen. Mit Kalk lässt sich zu saurer Boden verbessern.

BETONIT kann zu sandigen Böden zusammen mit Kompost als Wasserspeicher verabreicht werden.

BODENAKTIVATOR belebt in Verbindung mit Humus ausgelaugte Böden

niedrigeren Werten werden viele Nährstoffe so fest an Bodenteilchen gebunden, dass die Pflanzen sie partout nicht aufnehmen können, auch wenn sie im Boden vorhanden sind. Kalk wird mit der Zeit ausgewaschen, dem man mit einer Erhaltungskalkung im Spätwinter entgegenwirkt. Aber nicht nach Schema F, messen Sie vorher den pH-Wert, ob Kalk schon nötig ist.

SANDBÖDEN NOCH MEHR WASSERSPEICHER GEBEN

Sandböden können das Wasser nicht halten und damit rauscht auch Dünger ungenutzt in den Boden – die Pflanzen gehen leer aus und Sie kommen mit dem Gießen kaum nach. Für viele Gräser und Präriegärten perfekt, für alle anderen Pflanzen nicht. Dem Sand fehlt das, wovon Lehmböden reichlich haben – feinste Tonteilchen, die sich ordentlich mit Wasser vollsaugen können. Als Wasserspeicher kommt Bentonit als eine Art Lehmboden aus der Tüte ins Spiel, der Klassenprimus dieser Disziplin, der sich einfach ausstreuen lässt. Egal, ob auf Beete oder den Rasen. Sickerwasser spült die staubfeinen Partikel dann in den Boden, wo er in Teamarbeit mit Kompost oder organischem Dünger die perfekte Wasserspardose wird und Sickerwasser wie ein Schwamm aufsaugt.

DEN BODEN MIT BODENAKTIVATOR FLOTT MACHEN

Bodenaktivatoren sind Bodenhilfsstoffe, die man als Granulat oder Pulver ausbringt. Sie eignen sich zum Wiederbeleben ausgelaugter, jahrelang ungepflegter Böden. Die Bodenfruchtbarkeit wird angetrieben und bleibt lange erhalten, oberflächlicher Bodenverdichtung und Staunässe wirken sie entgegen. Aber nur in Verbindung mit Humusgaben und bei regelmäßiger Anwendung organischer Dünger. Manchmal ist Bodenaktivator auch als „Rasenbodenaktivator“ zu haben. Das ist aber dasselbe, dem Boden ist der Aufdruck auf der Packung egal.

Perfekte Partnerschaft mit Pilzen

Pilze und Pflanzen? Klar! Mykorrhiza-Pilze leben in guter Gemeinschaft mit Pflanzen und verschaffen ihnen mehr Nährstoffe und Wasser, sodass sie sich besser über Trockenperioden retten und Sie weniger gießen müssen.

Mykorrhiza: Jeder Wald hat sie.

Fruchtkörper von Pilzen

MIT DER NATUR GÄRTNERN

Mykorrhiza-Pilze sind Pilze unterschiedlicher Gattungen, die an und um Wurzeln leben und sie netzartig umgeben. Die Pilze breiten sich im Boden aus, sind aber am anderen Ende direkt mit den Wurzeln verbunden und im Prinzip deren Verlängerung. Die hauchfeinen Pilzfäden dringen in feinste Bodenstrukturen vor, für die selbst die Feinwurzeln der Pflanzen noch zu dick sind. Finden die Pilze Wasser und Nährstoffe, leiten sie alles, was sie nicht selber brauchen, an die Pflanzen weiter. So nutzen die Pflanzen Wasserreserven des Bodens, die ohne den Pilz unerreichbar wären – bei Trockenstress ein enormer Vorteil. Der Pilz bekommt als Gegenleistung energiereiche Zucker aus der Fotosynthese, die er selber nicht herstellen kann.

CHECKLISTE: MYKORRHIZA-PILZE

VORKOMMEN: in natürlichen Böden, netzartig an und um Pflanzen in Form hauchfeiner Fäden; können durch Handelsprodukte im Gartenboden und in Pflanzkübeln ergänzt werden

LEBENSWEISE: dringen in feinste Bodenstrukturen vor, die Pflanzenwurzeln verschlossen sind, und leiten Wasser sowie Nährstoffe an die Pflanzen weiter, im Austausch bekommen sie energiereiche Zucker aus der Fotosynthese der Pflanzen

VORTEIL FÜR KULTURPFLANZEN: gelangen durch die Pilze zusätzlich an Wasser und Nährstoffe, ideal bei Trockenstress

AUSGELAUGTE BÖDEN IMPFEN

Mykorrhiza gibt's als Granulat, das man beim Pflanzen in Wurzelnähe ausbringt, also ins Pflanzloch gibt oder in die Topferde mischt. Das muss man nicht bei jeder Neuanpflanzung oder Gemüsekultur wiederholen, denn sind die Pilze einmal im Boden und fühlen sich wohl, finden Pflanzen und Pilz auch so zusammen.

Mykorrhiza wird als Granulat an die Wurzeln gegeben.

BESONDERS AUSGELAUGTE BEETE UND BÖDEN AN SONNENEXPONIERTEN STANDORTEN HABEN EINE AUFFRISCHUNG BITTER NÖTIG.

Andere Pilze zersetzen dafür einfach Pflanzenreste und bewirken, dass der Boden nicht im Bio-Abfall erstickt. Aber das kann Mykorrhiza nicht, den Pilzen fehlt dafür das Enzymwerkzeug.

MYKORRHIZA-PILZE IM GARTEN VERWENDEN

Im Wald haben die meisten Pflanzen solche Partner, deren Geflecht riesig ist. An die Oberfläche kommen aber nur die Fruchtkörper – als Eichenreizker, Lärchenröhrling oder sogar Speisepilze. Mykorrhiza selbst arbeitet im Untergrund. Aber nicht nur Bäume, auch Garten- und Kübelpflanzen lassen sich auf Partnerschaften ein und die Pilze kommen sogar von Haus aus im Gartenboden vor – in gesundem Gartenboden. Um ganz sicher zu sein, kann man etwas nachhelfen und Pilz und Pflanzen in einer Art Partnervermittler zusammenbringen: Die Pilze gibt es zu kaufen, als MyccoVital, Mykoplant, Mykorrhiza-Granulat oder ähnliche Produkte. Testen Sie es mal aus! Auch viele Erden, organische Dünger und sogar Rasensaat enthalten immer häufiger diese Pilze.

MYKORRHIZA-PILZE BEI LAUNE HALTEN

Damit die Partnerschaft zustande kommt und lange hält, sind „übliche" Maßnahmen zur Bodenverbesserung nötig: Jährliche Kompostgaben, Mulch und der Verzicht chemischer Mittel. Die Pilze lieben's natürlich. Organische Dünger sollten bevorzugt werden, ob mit oder ohne weiterer Mykorrhiza – überimpfen geht damit nicht.

Bodyguards für den Boden

Du kommst hier nicht rein! Das gilt für Hitze und Unkrautsamen. Aber auch nicht raus – das gilt für Bodenfeuchtigkeit. Mulch gehört in jeden Garten und jedes Beet und ist das Beste, was dem Bodenleben bei Hitze passieren kann.

Holzhäcksel für den Ziergarten

Kies: ideal in Staudenbeeten

CHECKLISTE: MULCH

- **SCHUTZ VOR VERDUNSTUNG,** aber auch Frost
- **DER BODEN BLEIBT FEUCHT** und das Bodenleben bei Laune.
- **GESCHLOSSENE UND GLEICHMÄSSIG** dicke Schichten ausbringen
- **GRASSCHNITT** muss trocken sein.
- **GROBE RINDENSTÜCKE** können Schnecken als Versteck dienen.
- **AB ENDE APRIL ANFANGEN,** sonst wird die Bodenerwärmung blockiert

NICHT ZÖGERN, MULCHEN

Man kennt es ja von sich selbst, in praller Sonne wird man träge, hat Durst und absolut keine Lust auf Arbeit. Erst ein Sonnenschirm hält einen bei Laune und macht die Wärme zum Vergnügen. Dem Bodenlebewesen – vom Einzeller bis zum Regenwurm – geht es ganz genauso. Ungeschützter Boden wird heiß, bekommt Trockenrisse und das Bodenleben wird träge, die Helfer ziehen sich tief in die Erde zurück und vergessen ihre Arbeit – die Produktion von krümeligem Boden.

DAS GEEIGNETE MATERIAL AUSWÄHLEN

Getrockneter Rasenschnitt ist im Gemüsegarten oder zwischen Stauden ideal, fällt reichlich an und lässt sich gut verteilen. Aber erst antrocknen lassen und nur 5 cm dick verteilen. Sonst wird er in Regenperioden matschig und fault. Das Gras darf nicht zu grob sein, denn Heu zieht wie auch Stroh Schnecken an, die sich bei Hitze darunter verkriechen. Rindenmulch wird wie billige Blumenerde gut 10 cm dick aufgetragen, dünnere

Achtung: Strohmulch verbraucht Stickstoff.

Mit Pappe und Mulch gegen lästigen Giersch

MULCH ALS PFLANZENSCHUTZ

Wo Giersch dauernd Ärger macht und zwischen den Pflanzen größere Lücken klaffen, können Sie ihn mit einer extremen Mulchschicht aussperren: Legen Sie Pappe dicht an dicht aus und lassen Sie diese – wo es geht – das ganze Jahr lang liegen. Wasser sickert durch, der Giersch aber hungert aus. Außerdem kann Mulch Pilze hemmen: Waren Rosen von Rost oder Sternrußtau befallen, bremst Rasenschnitt oder Rindenhumus als Mulch im Frühling die im Boden lauernden Sporen aus und mildern oder verzögern den Neubefall deutlich.

Schichten bringen nichts. Kies ist ein dauerhaftes Material und damit eigentlich nur zwischen Stauden praktikabel. Für Gemüsebeete hat sich auch Mulchfolie bewährt (siehe auch S. 51), Stroh zwischen Erdbeeren oder Gurken. Positiver Nebeneffekt: Beeren und Früchte bleiben vom Boden fern, wo Nässe und Fäulnis drohen.

BEI STROH UND HOLZHÄCKSELN AUFPASSEN

Stickstoffdiebe im Beet: Stroh, Rindenmulch und andere Holzreste binden beim Verrotten Stickstoff, es kann schlimmstenfalls sogar zu Mangel kommen. Verteilen Sie vorbeugend pro Quadratmeter eine Handvoll Hornspäne oder organischen Dünger.

MULCH BEEINFLUSST DEN WÄRMEHAUSHALT

Mulch wirkt isolierend, soll er auch, sonst würde er Hitze nicht abschirmen. Nach einem kalten Winter kann er aber die Bodenerwärmung durch die Sonne bremsen. Daher nicht zu früh mulchen. Will man direkt ins Freiland säen, kratzt man den Mulch ein paar Tage vorher weg.

Drainage und Wasserabzug

Bleiben nach Starkregen Pfützen im Garten stehen, ist der Boden verdichtet. Meist ist feinkörniger Lehm betroffen, aber auch unbelebte Sandböden, deren Struktur in sich zusammengefallen ist.

Bodenverdichtung lokal lockern ...

... Sand als durchlässige Füllung einstreuen

KIESABFLUSS FÜR KLEINE FLÄCHEN

Rasen ertrinkt förmlich, wenn Wasser lange auf ihm stehen bleibt. Außerdem werden staunasse Böden saurer und für Pflanzen immer unwirtlicher, denn das Wasser schwemmt Kalk aus, der pH-Wert sinkt. Punktuelle Bodenverdichtungen von einem oder zwei Quadratmetern sind ein Fall für die Grabegabel: Stechen Sie die Zinken alle 10 cm in die Erde und füllen die entstandenen Löcher mit Sand. Reicht das nicht und steht das Wasser immer noch, müssen Sie in die Tiefe gehen und dem Boden einen Abfluss bauen: Mit einem Erdbohrer gehen Sie 60 cm tief in den Boden und kleiden das Loch mit Vlies aus. Breiten Sie es einfach über dem Loch aus, stopfen es mit einer Stange sackartig hinein und füllen Kies ein. Das Vlies schützt den Kies und damit dem Wasserabfluss vor seitlich nachrutschender Erde. Die Kiesfüllung lassen Sie gut 10 cm unter der Bodenoberfläche enden und bedecken die Steinchen mit Vlies. Füllen Sie anschließend die Erde bis zur Oberfläche auf.

BEI WASSER IMMER RECHTLICHES BEACHTEN

Perforierte Drainagerohre unter einer Gartenmauer leiten nur möglicherweise aufkommendes Sickerwasser von der Mauer weg, sodass die Mauer bei Frost nicht hochfriert. Die Rohre enden irgendwo neben der Mauer im Boden und das Wasser versickert halt dort. Kein Problem. Möchte man aber große, dauernasse Stellen entwässern oder einen ganzen Gartenbereich trockener halten, kommt man schnell in den Bereich des Rechtlichen – für den Gesetzgeber ist das dann eine „zielgerichtete Sammlung und Ableitung von überschüssigem Regenwasser aus dem Boden" – und fällt

Drainagerohre in ein Kiesbett verlegen

Grober Sand lockert lehmige Böden.

LOCKERUNGS-ÜBUNGEN MIT SAND

Sand lockert Lehm. Auch unter Rasen, den Sie großflächig besanden können. Die Körner sickern mit dem Regen in die Erde und halten die feinen Tonteilchen auf Abstand. Sand hat aber nur in größeren Mengen eine dauerhafte Wirkung und wird idealerweise mit Kompost ausgebracht. Die Lockerung ist mechanisch, für den Garten können Sie handelsüblichen Spielsand nehmen. Sand lockert Oberböden und hilft bei punktueller Verdichtung. Ist ein Boden über mehrere Quadratmeter verdichtet, muss eine Drainage her.

unter das Wasserrecht. Kurzum, für die Drainage bzw. die Versickerung von gesammeltem Regenwasser auf einem Grundstück kann eine Erlaubnis der Gemeinde nötig sein. Man darf Wasser auch nicht regelmäßig einfach in den nächsten Gulli oder auf das Nachbargrundstück leiten. Bevor Sie also loslegen, sollten Sie überlegen, wohin Sie das Wasser leiten und dann fragen, ob die Gemeinde irgendwelche Bestimmungen vorgibt.

BAUVORHABEN CHECKEN

Wenn Starkregen zunehmen, können tagelang nasse Stellen nerven und unbenutzbar bleiben. Eine Drainage muss her. Aber geht das noch in Eigenregie? Denn ob 80 bis 150 cm Verlegetiefe in Lehm, ein Kiesbett, ein Minibagger oder die Berechnung eines Sickerschachtes: Die Entwässerung größerer Flächen ist eine nicht zu unterschätzende Arbeit und oft in Eigenregie gar nicht zu bewältigen. Dann müssen Fachleute ran.

MERKEN, WO ES LANGGEHT

Mit Drainagerohren ist es wie mit Stromkabeln oder Bewässerungsrohren im Garten: Merken Sie sich für spätere Grabeaktionen den Verlauf, fotografieren Sie die Rohre am besten im noch offenen Boden und notieren Sie sich auch die jeweiligen Verlegetiefen.

Die satt grünen Halme des Rasens haben es im Klimawandel schwer.

Rasen im Klimawandel

Trockenheit bei gleichzeitig enormem Durst: Rasenbesitzer müssen sich künftig entweder mit intensiver Rasenpflege arrangieren, gelben Rasen einfach hinnehmen oder eben ganz auf Rasen verzichten.

RASEN-ANSPRÜCHE

Rasen ist ein Kunstprodukt, dessen dicht an dicht in Monokultur wachsenden Halme viel Pflege brauchen. Die dichte Grasnarbe verhindert aber Bodenerosion und kann Hanglagen stabilisieren. Der einzige Haken: Rasen ist pflegeintensiv, ein echter Fresssack und Schluckspecht Nummer eins im Garten – obwohl er durch die hohe Verdunstung wiederum kühlend auf seine Umgebung einwirkt.
Rasen fordert mindestens drei Mal Dünger im Jahr und streckt bei Hitze schon bald alle Halme von sich, wenn er nicht wöchentlich seine 20 Liter Wasser pro Quadratmeter bekommt. Wer das nicht will, sollte sich vom Zierrasen verabschieden und eher auf robusten Extensivrasen setzen.

RASENPFLEGE ANPASSEN

Rasen ist auch ohne Klimawandel im ständigen Verdrängungskampf gegen Moos und Unkraut. Alles, was den Rasen schwächt, wie Dünger- oder Wassermangel, lässt Unkraut wachsen. Kommt noch Hitze dazu, bewirken hohe Bodentemperaturen oftmals sogar direkte Schäden an den Wurzeln und hemmen deren Neubildung – die Gräser regenerieren sich schlechter. Purer Stress und ein Vorteil für Unkraut. Kommen Winter immer häufiger mit Verspätung, wächst Rasen auch im Dezember noch.

Robuster Rasen und Rasenalternativen

Wer neuen Rasen anlegen will, sollte nicht am falschen Ende sparen und nur hochwertige Rasensaat kaufen. Billig rächt sich später. Wer ganz auf Rasen verzichten will, kann auch Alternativen pflanzen.

Rasen enthält verschiedene Gräsersorten.

AUF DEN GRÜNEN AUFKLEBER ACHTEN

Nur hochwertige Regelsaatgutmischungen (RSM) haben geprüfte Zusammensetzungen, erkennbar an aufgeklebten grünen, Etiketten mit der genauen Zusammensetzung. Billigsaat darf die grünen Aufkleber nicht verwenden, sie ist meist ein Samen-Sammelsurium. Für den Garten sind etwa die Typen 2.2. bis 2.4. (Gebrauchtrasen) interessant. Markenhersteller bieten immer häufiger Saat für trockene Standorte an, deren Gräser tief wurzeln. Sie haben breite oder helle Blätter, sind aber nicht jedermanns Geschmack.

Vor jeder Einsaat muss der Boden unkrautfrei sein.

RASENMISCHUNGEN AUSWÄHLEN

Rasen ist eine Kombination unterschiedlicher Grasarten und -sorten. Deren Eigenschaften bestimmen, ob er zum dichten, aber empfindlichen Zierrasen oder zum belastbaren Gebrauchsrasen wird. Billigsaat lohnt sich nicht: Sie enthält billige Futtergräser, die schnell, aber nicht dicht wachsen. Man mäht und mäht und es wird doch nicht dicht. Im ersten Jahr sieht der Rasen noch gut aus, vielleicht auch noch im zweiten. Dann wird er lückig, macht Unkraut Platz und man gibt viel Geld für Pflegemittel aus, die gar nicht mehr helfen können – die dicht wachsenden Gräser fehlen schlichtweg.

NUR AUF GUTEM BODEN SÄEN

Ob vor der Einsaat oder bei bestehenden Rasenflächen: Alle Mittel zur Verbesserung der Bodenstruktur oder zur Anreicherung von Humus sind ideal: Sie beleben und lockern den Boden und sorgen damit für ein optimales Wachstum der Gräser. Eine Auswahl geeigneter und ungeeigneter Mittel zur Rasenpflege finden Sie auf der nächsten Doppelseite.

WILDE ERDBEEREN SIND EIN TOLLER RASENERSATZ FÜR SCHATTIGE STANDORTE.

Viele niedrige Bodendecker, hier Römische Kamille, sind sogar trittfest.

Breitblättrige Hirsen sind einfach lästig.

ACHTUNG, HIRSE AUF DEM VORMARSCH

Der Klimawandel macht es lästigen Gräsern wie breitblättrigen Hirsen *(Echinochloa crus-galli)* leicht, sich im Rasen breitzumachen. Hitze und lückenhafter Rasen sind für die einjährigen Gräser perfekt, die zwar im Winter absterben, aber als Samen überwintern. Zum Keimen sind hohe Bodentemperaturen nötig, die es im Rasen inzwischen immer häufiger schon ab April gibt. Daher sind Neueinsaaten oft schon nesterweise oder großflächig mit Hirsen durchsetzt, die man am besten ausreißt, sobald man sie sieht.

ALTERNATIVEN ZUM RASEN CHECKEN

Wo einfach kein Rasen wachsen will oder Sie den hohen Pflegeaufwand scheuen, sollten Sie über Bodendecker als Alternativen zum klassischen Grün nachdenken. Wo gar nichts wächst, können Sie auch Wald-Erdbeeren *(Fragaria vesca)* pflanzen, die man sogar mit dem Rasenmäher stutzen kann. Allerdings tauchen die dann auch an anderen Stellen im Garten auf – Erdbeeren sind unternehmungslustig. Nahezu trittfest ist die Teppichverbene (*Phyla nodiflora* 'Summer Pearls'), die fast einen Meter tief wurzelt und mit Trockenheit kein Problem hat. Sie ist aber anhänglich, einmal in den Garten geholt, bleibt sie auch. Ebenso kommt die Römische Kamille *(Chamaemelum nobile)* infrage, sie kann betreten und mit dem Mäher kürzer gehalten werden!

CHECKLISTE

RASENMISCHUNG AUSWÄHLEN: nach Standort und geplanter Nutzung. Unbedingt auf hochwertige Mischungen (RSM) achten!

ROBUST VON ANFANG AN: Aussaat nur auf gut mit Wasser und Nährstoffen versorgte Böden, der Rasen etabliert sich sonst nicht

ALTERNATIVEN ZUM RASEN: Wald-Erdbeeren, Teppichverbene, Römische Kamille

Hilfsmittel für den Rasen

Ob vor der Einsaat oder bei bestehenden Rasenflächen: Alles, was dem Boden Humus gibt, ihn lockert oder belebt, stärkt auch den Rasen. Blumenerde ist ideal, eigenen Kompost sollten Sie möglichst nicht verwenden.

Kompost steckt oft voller Unkraut.

Mulchmäher zerkleinern den Rasenschnitt zu Dünger.

CHECKLISTE: HILFSMITTEL

- **BLUMENERDE MIT RASENSAMEN:** einfach und effektiv für die Rasenreparatur
- **KOMPOST ZUR BODENBELEBUNG:** unbedingt ohne Unkrautsamen anwenden!
- **ORANISCHE DÜNGER** gehen schonender mit dem Rasen um.
- **BODENAKTIVATOR** fördert eine gesunde Bodenstruktur.

RASENPFLEGEMITTEL AUSSORTIEREN

Ob Rasenpflaster, Turbogrün oder Reparaturmix: Auch wenn das Angebot an Rasenpflegemitteln riesig und Rasen nicht gerade pflegeleicht ist, braucht man nicht das ganze Arsenal. Mischt man Rasensaat mit Blumenerde, hat man auch einen guten Reparaturmix, der dem Boden unter dem Rasen sogar noch mehr Humus gibt. Man kann es nicht oft genug sagen: Nur bei Saatgut gibt's keine Kompromisse zum Markenprodukt, Billigprodukte rächen sich nach Jahren mit klaffenden Lücken im Rasenteppich, die rasch vom Unkraut übernommen werden.

KOMPOST NUR AUS DEM FACHHANDEL

Ob zum Auffüllen von Lücken, Ausgleichen von Höhenunterschieden oder bei der Aussaat: Kompost wäre auch für den Rasenboden der perfekte Bodenverbesserer, wenn er nicht in den meisten Fällen ein Unkrautverteiler wäre. Denn nach spätestens einer Woche sprießen in ihm Unkräuter, deren Samen den Rotteprozess in den Kompostmieten der meisten Gärten unbeschadet überstehen. Kaum Probleme gibt es dagegen mit Kompost aus Schnellkompostern oder mit Kompost aus samenfreiem Ausgangsmaterial wie Rasenschnitt. Alternativ zum eigenen Kompost kaufen

Tabu: Kalkstickstoff auf Rasen

Gesunde, gestärkte Grashalme

Sie (unkrautfreien) Kompost aus dem Fachhandel oder behelfen sich mit billiger Blumenerde und etwas Bodenaktivator. Wird Kompost zur Beetvorbereitung untergegraben oder eingearbeitet, ist er der perfekte Bodenverbesserer schlechthin.

ORGANISCHER RASENDÜNGER IST IDEAL

Rasen kann man mit mineralischem oder organischem Rasendünger versorgen. Mineralischer Dünger ist höher konzentriert als organischer Dünger und ein echtes Kraftfutter. Allerdings führt er bei Überdosierung schnell zu Verbrennungen und der Boden hat davon auch nichts. Wenn Sie mineralischen Dünger ausbringen wollen, wässern Sie anschließend gründlich. Ein organischer Rasendünger geht schonender mit dem Rasen um, belebt das Bodenleben und hat oftmals sogar selber Mikroorganismen an Bord, mit denen er die Bodenfruchtbarkeit fördert.

BODENAKTIVATOR

In der Natur stürzen sich Bodenlebewesen auf abgestorbene Pflanzenteile und machen daraus Humus. Der enthält Nährstoffe, verbessert aber in erster Linie die Bodenstruktur. Das ist bei Rasen besonders wichtig, denn mit dem Schnittgut entfernt man stetig organische Masse von der Fläche, der Humusgehalt des Bodens nimmt also ständig ab. Eine deutliche Verzögerung bringen Mulchmäher, die das Schnittgut einfach fein zerhäckselt zwischen die Halme fallen lassen. Ein im Fachhandel erwerblicher Bodenaktivator ist so etwas wie eine Instant-Packung Humus, die auch noch Spurenelemente mitbringt – das Bodenleben wird aktiviert, bei Laune gehalten und die gesunde Bodenstruktur gefördert.

EISENDÜNGER STEHEN LASSEN

Dünger mit Eisen-II-Sulfat wird oftmals gegen Moos empfohlen, bekämpft dessen Ursache aber nicht, in der Regel also Nährstoffmangel und ein niedriger pH-Wert. Eisendünger färbt lediglich grünes Moos schwarz und man muss es dann vom Rasen kratzen. Warum sollte man das nicht gleich mit lebendem Moos machen und sich die Kosten für den Dünger sparen? Außerdem ist Eisen-II-Sulfat giftig und ätzend, man sollte es eigentlich wie ein Pflanzenschutzmittel behandeln und nicht wie einen Dünger. Besonders, wenn Haustiere oder Kinder Zugang zum Garten haben. Ausnahmen sind Eisendünger mit dem chemischen Bauteil EDTA (als Eisenquelle), denn sie sind eine gute Nährstoffquelle und nicht giftig. Und das Moos wird auch bekämpft!

Rasenbewässerung

Soll Rasen im Sommer wirklich grün bleiben, braucht man Wasser, viel Wasser! Durstiger Rasen wird anfällig für Unkraut und Moos, was sich nach Ende einer Trockenperiode schnell bemerkbar macht.

Fußabdruck? Jetzt wird es Zeit zum Wässern.

Hier hat der Rasen genug Wasser bekommen.

CHECKLISTE: GIESSREGELN

WIE OFT? Seltener und dafür intensiver gießen. Nicht verwöhnen!

WIE LANGE? Der Rasenboden sollte 15 cm tief vom Regner durchfeuchtet sein.

WANN? Zu jeder Tageszeit, auch bei praller Sonne. Idealerweise aber in den Morgenstunden

DEN GIESSZEITPUNKT BESTIMMEN

Zeit wird es, wenn sich die Halme nach Betreten nach 20 Minuten nicht wieder aufrichten. Auch wenn man es irgendwie intuitiv machen möchte – verwöhnen Sie Ihren Rasen nicht täglich mit kleinen Schlückchen, sondern geben Sie ihm seltener, aber dafür dann ausführlich Wasser. Kleine Schlückchen dringen nur ein paar Zentimeter tief in die Erde. Dann haben die Gräser überhaupt keine Lust, ihre Wurzeln in tiefere Bodenschichten zu schicken, wo sie einen größeren Wasservorrat nutzen könnten. Verwöhnter Rasen macht daher bei Trockenheit erst recht schlapp – schon ein Kurzurlaub kann ihn ruinieren.

WIE LANGE WÄSSERN?

Wie lange der Regner laufen muss, hängt von seiner Bauart, der Bodenart und dem Wasserdruck der Leitung ab. Einen guten Erfahrungswert gibt ein Regenmesser. Merken Sie sich, wie lange Ihr Sprenger für 15 Liter laufen muss, bis im Regenmesser 15 Liter angezeigt werden. Alternativ stechen Sie nach einer halben Stunde mit dem Spaten mit vier gezielten Stichen einen pyramidenförmigen Bodenblock aus und prüfen, ob der Boden schon 15 cm tief durchfeuchtet ist. Wenn nicht, lassen Sie das Wasser noch laufen und wiederholen die Prozedur nach einiger Zeit an anderer Stelle.

BEI TEMPERATUREN AB 30 °C BENÖTIGT RASEN MEHR WASSER, DANN KANN TÄGLICHES WÄSSERN NÖTIG WERDEN.

Möglichst morgens bewässern

Nicht durstig: Extensivrasen

WAS IST EXTENSIVRASEN?

Wer nicht immer wässern will, sät Extensiv- oder Landschaftsrasen. Dieser darf im Sommer ruhig braun werden, wird höchstens drei Mal jährlich gemäht und steckt auch extreme Trockenlagen gut weg. Der Hauptnachteil liegt aber schon auf der Hand: Man muss sich vom klassischen Zierrasenbild verabschieden. Denn Extensivrasen ist mehr eine Wiese und kann nicht betreten werden. Extensivrasen gibt es als Regelsaatgutmischung und muss nicht gedüngt werden.

WANN IST DIE BESTE ZEIT?

Theoretisch zu jeder Tag- oder Nachtzeit. Auch in praller Sonne, was dem Rasen sogar gut tut und ihn abkühlt. Zieht Wasser nicht schnell genug in den Boden, verdunstet allerdings ein Teil ungenutzt, weshalb die Morgenstunden besser sind. Schäden durch einen sogenannten Brennglaseffekt gehören allerdings ins Reich der Märchen, wonach Wassertropfen die Sonnenstrahlen wie ein Brennglas brechen und auf den Halmen zu Verbrennungen führen sollen. Wassertropfen leben dafür weder lange genug, noch haben sie eine geeignete Form, und ein konzentrierter Hitzestrahl ist unter Wasser gar nicht möglich. Selbst wenn Wassertropfen aus Glas und in perfekter Form wären, läge der Brennpunkt unterhalb des Halmes.

OHNE RASENSPRENGER GEHT ES NICHT

Rasensprenger gibt es von einfach bis Hightech, fest eingebaut oder mobil. Der Hauptunterschied liegt in der Form der beregneten Fläche: Kreisregner decken mit drehbaren Armen größere Flächen ab als klassische Viereckregner. Sprühregner werfen einen Schwall feiner Wassertropfen aus und eignen sich damit für Hanglagen, wo das Wasser langsam versickern kann und nicht einfach ungenutzt an der Oberfläche abfließt. Es macht nichts, wenn man benachbarte Beete teilweise mit bewässert, man sollte nur keine geöffneten Blüten treffen.

Verbrannten Rasen erneuern

Die Halme sind nach einer Hitzewelle verbrannt und das einzig Grüne sind diverse Unkräuter, die es sich im gestressten und damit wehrlosen Rasen gemütlich gemacht haben? Dann wird es Zeit für einen Neuanfang – ohne Umgraben.

Den Rasen ganz kurz mähen

Rasensaat und Erde mischen

RASEN NACH TROCKENPERIODEN BEOBACHTEN

Der Rasen ist braun und sieht absolut schäbig aus. Aber bevor Sie irgendetwas unternehmen, sollten Sie erst einmal gut zwei Wochen abwarten: Denn oft sind die Trockenschäden gar nicht so gravierend, wie sie zunächst erscheinen. Wenn die Graswurzeln noch intakt sind, wird auch ein vermeintlich total verbrannter Rasen nach mehreren Regentagen wieder grün. Bei Lehmböden allerdings eher als auf Sandböden. Dort ist oft nicht mehr viel zu retten. Aber auch wenn sich der Rasen erholt, müssen Sie in jedem Fall mit Unkräutern rechnen, die sich im geschwächten Grün breitgemacht haben und mit den ersten Regentagen ein Wuchstempo vorlegen, bei dem man nur noch die Hände über dem Kopf zusammenschlagen kann. Entstandene Lücken schließen Sie mit Rasensaat. Bleibt der Rasen ein schäbiger Flickenteppich, sollten Sie nicht zögern und ihn von Grund auf erneuern.

RASEN OHNE UMGRABEN RENOVIEREN

Mit dabei sind Schubkarre, ein paar Säcke billigster Blumenerde, Bodenaktivator als Instant-Humus (am besten auch noch mit Mikroorganismen), ein Grubber oder stabiler Rechen, ein Straßenbesen sowie hochwertige Rasensamen, die das Zeug zur dichten Narbe haben. Das Prinzip ist ebenso einfach wie wirkungsvoll: Der Grubber öffnet für den Bodenaktivator den nach einer Trockenperiode meist dichten und unbelebten Boden und sorgt für den nötigen Bodenschluss der Saat. Die Erde bringt Humus in den Boden und schützt die Grassamen außerdem vor hungrigen Vögeln und Austrocknung. Um ganz sicher zu sein, haben manche Hersteller grün eingefärbte und damit für

Den Erde-Samen-Mix verteilen

Wässern und feucht halten

Vögel unsichtbare Saat. Wichtig: Entfernen Sie beim Grubbern so viele Unkräuter wie möglich, die sich in einer lückigen Grasnarbe leider ziemlich schnell breitmachen. Bei sandigen Böden lassen sich die Unkräuter oft einfach mit den Zinken aus dem Boden ziehen.

DEN BODEN WIEDERBELEBEN

Lockern Sie den Boden, bei Lehm lassen Sie vorher den Regner für 20 Minuten laufen, damit der Boden weich und aufnahmefähig wird. Zum Aufkratzen des Bodens können Sie außer dem Grubber auch den Vertikutierer nehmen und ihn ausnahmsweise ganz tief einstellen. Aber: Machen Sie Arbeitspausen, schwache Geräte können dabei sonst kaputtgehen, da sie überfordert sind. Verteilen Sie anschließend den Bodenaktivator.

EINEN MIX AUS ERDE UND SAMEN VERTEILEN

Mischen Sie die Blumenerde in der Schubkarre mit der Saat. Pro Schubkarre mit 80 Litern Erde nehmen Sie 350 bis 400 g Saat, in dem Mix sollten die Samen dann so verteilt sein, dass sie etwa einen Daumenbreit auseinander liegen. Enger ist nicht schlimm. 80 Liter Erde reichen grob für 10 qm. Schaufeln Sie die Erde direkt auf den Rasen oder kippen Sie einzelne Erdhäufchen aus, und verteilen Sie die Erde mit dem Straßenbesen gleichmäßig über die gesamte Fläche. Bis zum Keimen muss die Saat feucht bleiben. Dabei ist die Erde ein Gießindikator: Wird sie hell, ist sie trocken und Sie sollten wässern. Walzen ist nicht nötig, die Blumenerde matscht sich von selbst am Boden fest und der Boden ist ja ohnehin schon trittfest.

SCHNELLCHECK: WAS TUN BEI VERBRANNTEM RASEN?

BEOBACHTEN: Rasen erholt sich oft.

KURZ MÄHEN: braune Halme werden nicht wieder grün. Also weg damit. Sind nur noch Unkräuter auf der Fläche, können Sie ein Totalherbizid einsetzen, damit der neue Rasen nicht gleich wieder durchsetzt ist.

LOCKERN UND VERBESSERN: die Bodenoberfläche lockern und aufkratzen, dann Bodenaktivator sowie organischen Rasendünger verteilen. Bei Sand zusätzlich Steinmehl. Anschließend wässern

SÄEN: zwei Schritte in einem – ein Gemisch aus Rasensamen und Blumenerde gleichmäßig auf der Fläche verteilen

RASENSPRENGER MARKIEREN: bei größeren Flächen deren Standorte markieren, dann müssen Sie nur einmal ausprobieren, von wo sie am meisten Fläche abdecken.

Der Wasserbedarf wird durch den Klimawandel zunehmen.

Wasser-Management

Hitzeperioden oder längere Trockenheit – die Bewässerung wird den Gärtner stärker fordern. Daher sollte er die Bedürfnisse der Pflanzen kennen oder zumindest abschätzen können und dementsprechend wässern. Was man bei Zimmerpflanzen oft zu gut meint, spart man oft am Garten – viele Pflanzen bleiben durstig. Klar, das Wasser ist ja auch teuer. Wie teuer, darüber bestimmt die Wasserquelle – ob Leitungswasser, Brunnen oder Regentonne.

DIE WASSERQUELLE

Regenwasser ist umsonst und für kleine Gärten praktisch, fällt aber nicht immer vom Himmel, man muss entsprechend speichern. Brunnen sind ideal für große Gärten, aber teuer und es gibt in manchen Gegenden auch Rechtliches zu beachten. Leitungswasser kostest und in Schrebergärten hat nicht jede Parzelle einen Anschluss.

CLEVER GÄRTNERN

Wassersparend gärtnern wird immer wichtiger, wenn man seine Beete nicht mit Asketen neu bepflanzen will. Da die Pflanzen natürlich beharrlich ihren Wasserbedarf decken müssen, geht es für den Gärtner ums Einsparen und eine Wasser sparende Bewässerung. Ganz vorn mit dabei: Bodenbearbeitung und Bewässerungssysteme, die für den Gärtner bequem sind und die Pflanzen gezielt bewässern.

Leitungswasser sparen

Hahn auf und es läuft: Praktisch ist Leitungswasser, aber auch teuer und in heißen Sommern mittlerweile eine knapper werdende Ressource. Daher sollte man richtig damit umgehen und im Garten über eine zweite Wasseruhr nachdenken.

Leitungswasser ist kalkhaltig.

Oleander liebt Leitungswasser.

EIGENSCHAFTEN VON LEITUNGSWASSER KENNEN

Bequem und für den Garten am Haus sofort und für Privathaushalte meist noch unbegrenzt verfügbar ist Leitungswasser. Pro Kubikmeter muss man allerdings mit gut zwei Euro rechnen – plus Gebühren, die pro Jahr im deutlich dreistelligen Bereich liegen. Den Pflanzen ist es egal, ob ihr Wasser Trinkwasserqualität hat, viel wichtiger ist ihnen die Karbonathärte des Wassers – also im Prinzip, wie kalkig das Wasser ist. Zimmerpflanzen mit empfindlichen Wurzeln wie Farne oder Orchideen mögen Kalk nicht, der außerdem den pH-Wert im Boden erhöht, was für Moorbeetpflanzen wie Hortensien oder Azaleen sogar schädlich ist. Im Garten spielt die Wasserhärte üblicherweise keine Rolle.

DIE GESAMTHÄRTE BESTIMMEN

Sie können die Wasserhärte mit Teststäbchen bestimmen, beim Wasserversorger nachfragen oder Ihrem Auge vertrauen: Bleiben nach dem Gießen Kalkflecken auf den Blättern oder ein heller Belag auf der Topferde, liegt der Wert deutlich über 10 °dH und ist damit für Pflanzen zu hoch. Entkalken oder Abkochen ist möglich, aber aufwendig und für den regelmäßigen Gebrauch einfach nicht praktikabel – schon gar nicht in Hitzeperioden, wenn Kübelpflanzen fast täglich Wasser wollen. Mischen Sie das Wasser für Topf- und Kübelpflanzen mit destilliertem Wasser aus dem Baumarkt. Beete und Rasen gießen Sie normal mit dem Schlauch.

Bewässerungscomputer helfen Wasser zu sparen.

KALKFLIEHER UND -FREUNDE

Hartes Leitungswasser ist nicht immer problematisch. Denn manche Pflanzen wie der Oleander lieben es sogar und kommen damit besser zurecht als mit weichem Regenwasser. Sonst haben Topfpflanzen allerdings schnell Probleme mit Kalk. Bei Ausblühungen an Tontöpfen oder allgemeinem Kümmerwuchs durch zu viel Kalk hilft dann nur noch Umtopfen.

ALTERNATIVEN ZUR LEITUNG CHECKEN

Destilliertes Wasser eignet sich zum Gießen, aber nicht ausschließlich. Wenn Sie es mit Dünger mischen, ist es kein Problem. Sonst kann das reine Wasser Nährstoffe aus der Erde waschen. Abgestandenes Mineralwasser geht auch, da es Nährstoffe enthält, aber nur, wenn es einen niedrigen Hydrogencarbonat- und Karbonatgehalt hat – denn das ist ja auch wieder Kalk.

MIT AUSSENWASSERZÄHLERN WASSER SPAREN

Wer mit Leitungswasser gießt, kann mit einer zweiten Wasseruhr an der Außenwasserleitung Geld und Wasser sparen und die Kosten (und Verbrauch) im Idealfall halbieren. Denn Wasser, das nachweislich im Garten versickert und eben nicht durch die Kanalrohre fließen muss, wird nicht berechnet. Das Ganze ist eine Rechenaufgabe, denn auch der Wasserzähler verursacht jährliche Grundkosten, sodass sich der Einbau außer in großen Gärten oftmals gar nicht rechnet. Wenn Hitzeperioden aber zunehmen, hat man die Kosten rasch raus und fängt nach ein bis zwei Jahren an Geld zu sparen – Wasser schon ab dem Einbau!

Regenwasser nutzen

Regenwasser fällt kostenlos vom Himmel und die Wasserqualität ist ideal. Der Haken: Man braucht Platz zum Speichern, für größere Flächen eine Pumpe, und manchmal muss man lange auf den natürlichen Nachschub warten.

REGENTONNEN RICHTIG AUSSUCHEN

Die Modellvielfalt ist riesig und reicht von einfachen Plastikfässern über Designertonnen bis hin zu ausrangierten Weinfässern. Für Kübelpflanzen sind Baumarktmodelle mit 700 Litern Fassungsvermögen ausreichend, deren Inhalt Sie mit der Gießkanne oder einer eingehängten Regenfasspumpe verteilen. Wer auch noch Beete oder Rasen mit Regenwasser versorgen will, braucht mehr: Entweder eine große Tonne oder, wenn der Platz nicht ausreicht, mehrere kleine Tonnen, die Sie mit Schläuchen verbinden und dann nebeneinander oder hintereinander aufstellen können. Bei vielen Modellen können Sie das Wasser mit einem Abflusshahn entnehmen. Damit die Gießkanne vollständig unter den Hahn passt, muss die Tonne auf einem Podest stehen. Dafür schichten Sie zum Beispiel einige Reihen Backsteine auf und decken die Steine mit einer Gehwegplatte als Standfläche ab.

REGENTONNEN VERBINDEN

Wo es eng wird, können Sie mehrere kleine Tonnen hintereinander stellen und miteinander verbinden – so machen Sie aus mehreren kleinen Regentonnen eine große, solange alle Regentonnen auf einer Höhe liegen. Das Regenwasser läuft vom Fallrohr in eine der Tonnen und dann

Regentonnen standsicher stellen

Pumpe zum Wasserzapfen

durch gebohrte Verbinder in die nächsten. Entnehmen können Sie das Wasser aus jeder Tonne, der Wasserstand gleicht sich überall an. Sind Tonnen im oberen Bereich verbunden, läuft zuerst erst eine Tonne voll und dann die nächsten. Sind die Tonnen unten verbunden, laufen alle gleichmäßig voll.

UNTERIRDISCHE ZISTERNEN FÜR GROSSE GÄRTEN

Regentonnen können in kleinen Gärten in der Regel den kompletten Wasserbedarf decken – bei regelmäßigen Niederschlägen. Für große Gärten halten eigentlich nur Zisternen mit mehreren 1.000 Litern Fassungsvermögen den Wasservorrat für die komplette Gartenbewässerung bereit. Der Inhalt reicht dann für mehrere komplette Bewässerungszyklen. Ist der Vorrat doch einmal verbraucht, muss man Leitungswasser nachfüllen und auf den nächsten Regen warten. Die Speicher sind riesig, lassen sich aber auch vergraben und werden damit unsichtbar – sogar platzsparend unter Autostellplätzen.

DIE KOSTEN VON GUT 1.500 EURO PRO ZISTERNE HAT MAN RASCH WIEDER RAUS. ZUM GIESSEN BRAUCHEN SIE EINE GARTENPUMPE, FOLGEKOSTEN GIBT'S NUR DURCH DEN STROM.

Verbundene Regentonnen

CHECKLISTE:

- **KLEINE GÄRTEN:** eine große oder mehrere kleine Regentonnen aufstellen
- **GROSSE GÄRTEN:** unterirdische Zisternen anlegen
- **REGENTONNEN VERBINDEN:** an engen Stellen und für mehr Volumen
- **SO STEHEN REGENTONNEN SICHER:** auf Gehwegplatten, Schicht aus dichtem Schotter oder Backsteinen, immer mit Deckel

REGENTONNEN SICHER AUFSTELLEN

Regentonnen sollten einen Überlaufschutz und einen Deckel haben. Sonst werden die Tonnen zur Mückenbrutstätte oder es können Tiere hineinfallen. Wasser ist schwer, da kommt so einiges zusammen. Kleine Modelle stehen auf Gehwegplatten, große auf einer 20 cm dicken Schicht aus verdichtetem Schotter oder auf Backsteinen.

Wann ist ein Brunnen sinnvoll?

Brunnen sind für viele Gärtner die perfekte Quelle für Gießwasser. Grundwasser ist unter jedem Grundstück vorhanden und von guter Qualität. Zur Förderung kommen drei verschiedene Brunnentypen infrage.

Brunnen werden meistens gebohrt.

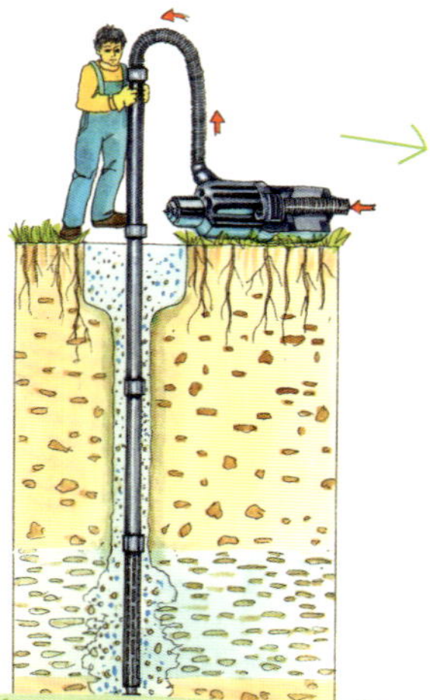

Alternativ: Brunnen spülen bei sandigen Böden

EINE PUMPE BEFÖRDERT DAS WASSER AN DIE OBERFLÄCHE UND DRÜCKT ES GLEICH IN DEN GARTENSCHLAUCH. FROSTSICHER AUFSTELLEN!

KOSTEN UND NUTZEN ABWÄGEN
Der eigene Wasserverbrauch entscheidet darüber, ob sich der Aufwand für einen Brunnen lohnt. Dazu müssen Sie den Verbrauch und die anfallenden Kosten kennen oder abschätzen. Entscheidend für die Baukosten sind der Grundwasserspiegel und damit die nötige Bohrtiefe. Den Grundwasserstand seiner Region kann man meist im Internet einsehen. Mehr als 6 bis 8 m sollten es in kleinen Gärten nicht sein, dann wird es rasch zu teuer. Nur für große Flächen darf der Brunnen ruhig tiefer sein. Zusätzlich zum Bau können weiterere Gebühren dazukommen, fragen Sie vorher die Behörde.

DIE BESTIMMUNGEN PRÜFEN
Eine Genehmigung für einen Brunnen kann, muss aber nicht erforderlich sein. Sie müssen ihn aber in jedem Fall bei den Behörden anmelden und über den Bau informieren, sonst drohen Strafen. In Wasserschutzgebieten sind Brunnen verboten. Zusätzliche Genehmigungen sind

Wasser aus öffentlichen Gewässern ist für den Garten tabu.

erforderlich, wenn der Brunnen nicht nur den Garten bewässern, sondern auch die Hauswasserversorgung teilweise oder ganz übernehmen soll.

DEN BRUNNENTYP AUSWÄHLEN

Wer an einen Brunnen denkt, hat meist klassische Schachtbrunnen wie auf Ritterburgen im Kopf, bei dem ein breiter Schacht bis zum Grundwasser und noch tiefer darüber hinaus geht. Die Fördermenge ist allerdings gering und die Baukosten hoch, sodass man diese Brunnen kaum noch baut. Die mit ca. 200 Euro günstigste Variante sind Rammbrunnen, bei denen ein Rohr mit Filteraufsatz in die Erde geschlagen wird. Das Grundwasser darf aber nicht tiefer als 7 m sein, die Fördermenge ist für kleine Gärten ausreichend, Handpumpen sind ideal, bei zu hoher Entnahme mit einer Pumpe kann der Filter durch die hohe Strömungsgeschwindigkeit verstopfen. Bei Bohrbrunnen bohrt man durch die grundwasserführende Schicht bis zur Sperrschicht und setzt ein Rohr ein. Tiefen von 20 m und mehr sind möglich. Die Brunnen haben die höchste Ausbeute und Lebensdauer, die Preise beginnen bei 1.000 Euro. Im Rohr wird eine Tiefwasserpumpe versenkt, die das Wasser nach oben drückt.

PROBLEME MIT BÄCHEN KENNEN

Verführerisch bequem: Kann man Gießwasser einfach aus einem angrenzenden Bach nehmen? Manchmal ja, manchmal nein. Die Bestimmungen dazu sind – eigentlich wie üblich – regional unterschiedlich, weshalb Sie sich in jedem Fall bei der Gemeinde informieren sollten. Es gibt aber eine allgemeine Tendenz: Mit Handgefäßen ist es erlaubt, mit Pumpen nur mit Sondergenehmigung, da von größeren Wassermengen ausgegangen wird. Der Grund: Führen Gewässer bei Hitze wenig Wasser, kann ein zusätzlicher Wasserentzug deren ökologisches Gleichgewicht beeinträchtigen.

Wie viel Wasser brauchen Pflanzen?

Hier mal ein Schlückchen und dort mal etwas Wasser reicht für die meisten Pflanzen nicht aus. Wenn die Blätter schlapp herunterhängen, ist es meist zu spät und die Pflanze hat Stress.

Rissige Tomaten durch ungleichmäßiges Gießen

Isopogon formosus ist genügsam.

Pflanzen mit hartem Laub brauchen wenig Wasser.

DER WASSERBEDARF IST UNTERSCHIEDLICH

Den einen reicht ein Gläschen Wasser, die anderen wollen gleich die ganze Kanne. Manche brauchen gleichmäßige Bodenfeuchte und bekommen wie Oleander bei häufigem Wechsel zwischen Trockenheit und Nässe gelbe Blätter. Der Pflanzendurst hängt aber auch vom Entwicklungsstadium und den Pflanzgefäßen ab. Zum Zeitpunkt der Knospen- oder Fruchtausbildung ist mehr Wasser nötig! Bei Fruchtgemüse verhindert gleichbleibende Bodenfeuchte rissige Früchte und bei Gurken bitteren Geschmack, die Früchtchen brauchen ohnehin recht viel Wasser. Kübelpflanzen benötigen in ihrem begrenzten Wurzelraum mehr Wasser als Beetpflanzen. In zu kleinen Töpfen brauchen sie oft sogar mehrmals am Tag Wasser. Poröse Tontöpfe verdunsten mehr als die wasserdichten Kunststofftöpfe. Und Rasen? Ist ein Säufer, der bei Lehmboden wöchentlich, bei Sandboden etwa alle vier Tage Wasser braucht.

DEN WASSERBEDARF NICHT UNTERSCHÄTZEN

Als Richtwert können Sie pro Woche im Garten mit 15 bis 20 Litern pro Quadratmeter rechnen – inklusive der Regenmengen, die Sie mit einem Regenmesser grob abschätzen können. In einem 100 qm

Myrten mit ihren kleinen Blättern vertragen Sonne gut.

Agaven mit ihren fleischigen Blättern sind Sonnenanbeter.

PANASCHIERTE BLÄTTER BILDEN WENIG CHLOROPHYLL.

großen Garten braucht man in Hitzeperioden pro Bewässerung mindestens 1.000 Liter Wasser.

DEN WASSERBEDARF ABSCHÄTZEN

Hätten Sie es gewusst? Die Pflanze auf dem Bild Seite 48 Mitte ist die *Isopogon formosus*. Nein? Nicht schlimm, schon ein Blick auf ihre Blätter verrät viel: Die aus Australien stammende Pflanze wird sonnige, vielleicht noch halbschattige Plätze lieben, wo es ruhig trocken sein darf. Denn dünne, harte oder leicht fleischige Blätter weisen auf Sonnenanbeter hin – Wasserspeicher und Verdunstungsschutz eben. Ähnliches gilt für silbriges, behaartes Laub: Bei Myrten beispielsweise mit vielen kleinen und beim Rosmarin mit nadelförmigen Blättern. Auch Pflanzen mit fleischigen Blättern, wie Agaven, lieben Sonne und sandige, durchlässige Erde. Große, dünne, weiche oder stark gefiederte Blätter deuten auf Pflanzen hin, die hohe Luftfeuchte und Licht, aber keine pralle Sonne mögen. Diese Pflanzen sind, wie beispielsweise die Engelstrompete *(Datura)*, auch durstig. Bei weichen und dunkelgrünen Blättern haben Sie oft eine Schattenpflanze mit hohem Chlorophyllgehalt vor sich. Panaschierte Pflanzen (Pflanzen, deren Blätter von Natur aus unterschiedlich gefärbt sind) möchten hell stehen – sie haben wenig Chlorophyll.

WIE VIEL KOMMT DENN AUS DEM SCHLAUCH?

Bewässert man rein nach Gefühl, bekommen Beete oft weniger als die nötigen 10 Liter. Je nach Wasserdruck laufen bis zu 18 l/Min Wasser aus dem Schlauch. Um die Gießdauer abzuschätzen zu können, lassen Sie den Schlauch eine Minute lang laufen und bestimmen die Wassermenge. Genauer sind spezielle Wassermengenzähler.

Effektiv bewässern

Um wassersparend zu gärtnern, kommt es auch auf das richtige Gießverhalten an. Mit einfachen Kulturmaßnahmen wie Hacken und Mulchen lässt sich zudem die Feuchtigkeit gut im Boden halten.

Möglichst morgens wässern

Gießrand aufschütten

CHECKLISTE: WASSER-SPAREND GÄRTNERN

WANN? Idealerweise **morgens gießen**

WIE? Blühpflanzen nicht überkopf gießen und stets durchdringend

GIESSMULDEN befödern Wasser direkt zu den Pflanzen.

MULCHEN hält die Erde feucht.

HÄUFIGES HACKEN erspart gießen.

DIE BESTE ZEIT ZUM WÄSSERN

Frühaufsteher sind im Vorteil, denn wer früh morgens gießt, tut sich, den Pflanzen und dem Garten einen Gefallen: Dann ist es noch kühl, das Wasser ist bis zum Mittag versickert und die Pflanzen können es aufnehmen, wenn sie es am meisten brauchen. Nach abendlichem Wässern bleiben Boden und auch Blätter dagegen noch recht lange feucht – eine perfekte Rutschbahn für Schnecken sowie ideale Voraussetzungen für diverse Schadpilze.

DIE ERDE GIESSEN

Auch wenn das Überkopfgießen schneller geht: Vor allem Blühpflanzen und Gemüse mögen keine kalten Duschen von oben und werden lieber an ihrer Basis gewässert.

RÜCKHALTEBECKEN XXS

Bei Neuanpflanzungen und Beeten mit lockerer Erde formt man aus Erde Gießwälle um die Pflanzen, die das Wasser halten und dann direkt an der Pflanze versickern lassen. Diese Methode empfiehlt sich auch für Hanglagen, wo das Wasser vor allem bei Lehmboden einfach oberflächlich abfließt.

PFLANZEN NICHT IM GIESS-SCHATTEN STEHEN LASSEN

Stehen niedrige Pflanzen direkt neben hohen, gehen sie beim Wässern aus einer Richtung oft leer aus. Sie sind im Gießschatten der hohen Pflanzen, die wie ein Schirm vor ihnen stehen und das Wasser abfangen. Ähnliche Probleme gibt es auch bei Pflanzen mit großen Blättern, die sich

WAS VIELE NICHT WISSEN, AUCH DAS MULCHMÄHEN HILFT DABEI, DIE VERDUNSTUNG VOM RASEN UND DAMIT DESSEN WASSERVERBRAUCH ZU SENKEN.

Mulchfolien für Gemüsebeete

Hacken spart Gießwasser.

selbst im Weg stehen: Gießt man von oben, leiten die Blätter das Wasser wie Dachziegel ab, die Erde bleibt trocken.

WASSERSPAREN MIT MULCH

Ein Sonnenschirm aus Mulch wirkt wahre Wunder, der Boden bleibt kühler, Platzregen wird abgefedert und es verdunstet deutlich weniger Wasser. Getrockneter Rasenschnitt ist im Gemüsegarten und unter Beerensträuchern ideal, eine 10 cm dicke Schicht Rindenkompost oder auch billige Erde ist gut im Blumenbeet. Mulchfolie ist die beste Verdunstungsbremse im Beet, aber leider nicht überall praktikabel – die Bodenbearbeitung wird blockiert, man kann keinen Humus ausbringen und auch der Nachschub mit Nährstoffen klappt auf Dauer nicht. Die Folien sind für kurzlebige Gemüsekulturen aber perfekt.

BEETE REGELMÄSSIG HACKEN

Hacken oder Grubbern bekämpft nicht nur Unkraut, sondern spart auch Gießen, mindestens jedes zweite Mal. Der Boden ist von hauchdünnen Röhren, den sogenannten Kapillaren durchzogen, die eifrig Wasser aus tieferen Bodenschichten nach oben leiten, wo es ungenutzt verdunstet. Kappt die Hacke diese Röhrchen, ist der Wassernachschub unterbrochen und der Boden bleibt feucht. Der Effekt ist nicht offensichtlich sichtbar, da die Erdoberfläche natürlich austrocknet. Kratzt man aber mit dem Finger etwas im Boden, ist er noch dunkel und feucht.

GARTENPFLANZEN ZUR SPARSAMKEIT ERZIEHEN

Sie können Ihre Gartenpflanzen in gewissem Maße fit für den Klimawandel machen. Oder jedenfalls für die Trockenperioden, die er mit sich bringt: Reduzieren Sie die Wassergaben auf das Nötigste. Natürlich nicht so weit, dass die Pflanzen Schäden davontragen. Aber gießen Sie erst, wenn die Blätter schlapp werden. Das regt die Pflanzen zur Bildung dicht verzweigter Wurzeln an, die sie weit in den Boden schicken, um so auch das Wasser aus tieferen Bodenschichten nutzen zu können. Eine Grundvoraussetzung dafür ist allerdings, dass die Pflanzen an für sie optimalen Standorten stehen. Sonst haben Schädlinge leichtes Spiel.

Automatisch bewässern

Ob Low- oder Hightech, eine automatische Bewässerung ist perfekt, um Wasser und Zeit zu sparen. Die Wassergaben erfolgen gezielt und nur wenig versickert nutzlos oder verdunstet.

Versenkregner zur Bewässerung von Rasenflächen

Wasserspeicherkasten für den Balkon

CHECKEN, WAS IM GARTEN MÖGLICH IST

Infrage kommen Wasserspeicherkästen ebenso wie vollautomatische, per App gesteuerte Anlagen mit Bodensensoren, Versenkregnern oder Tropfschläuchen. Deren hoher Installationsaufwand ist zum Glück eine einmalige Angelegenheit, danach ist der Garten bestens gegen Trockenheit gewappnet. Tropfbewässerungen mit Anschluss an den Wasserhahn oder an eine Pumpe eignen sich für einzelne Töpfe, aber auch für Gemüsebeete – jede Pflanze bekommt ihre eigene Tropfdüse. Gesteuert wird alles per Zeitschaltuhr oder man öffnet den Wasserhahn manuell. In jedem Fall liegen aber sichtbare Schläuche im Beet. Größere Flächen werden mit Rasensprenger oder Versenkregnern bewässert, oder noch gezielter mit Unterflurbewässerungen aus vergrabenen Tropf- oder Perlschläuchen, die das Wasser direkt in Wurzelnähe abgeben und gar nicht erst in Versuchung kommen, Wasser nutzlos an der Oberfläche zu verdunsten. Solche Systeme sind unsichtbar im Boden verlegt, man baut sie am besten gleich bei der Neuanlage ein. Nachträglich ist es aber auch möglich.

BALKONBLUMEN BEQUEM WÄSSERN

Morgens gewässert, abends schlapp: Wer vom Wasserträger zum Balkongenießer werden will, setzt auf Wasserspeicherkästen – daher bei Berufstätigen oft die einzige Möglichkeit für blühende Pflanzen. Der integrierte Wassertank verlängert die Gießintervalle auf mehrere Tage, die Pflanzen bedienen sich selbst. Wichtig ist ein Überlauf für Regenperioden. Die Kästen funktionieren erst, wenn die Pflanzen eingewachsen sind und die Erde gut durchwurzelt haben. In den ersten drei Wochen muss man normal gießen.

Wasserversorgung per Baumwolldocht

Schwammstücke speichern Wasser.

PFLANZEN EINFACH ZU SELBSTVERSORGERN MACHEN

Wer Kübelpflanzen bei Sonnenschein zwei, drei Tage alleine lassen muss, rückt sie in den Schatten und stellt die Töpfe in einen mit Wasser gefüllten Untersetzer. Alles, was dem Substrat mehr Wasserspeicherkapazität verpasst, kommt Pflanzen bei Hitze zugute. Die einfachste Methode heißt umtopfen und der Markenerde ein spezielles Speichergel untermischen, das sich regelrecht volllaufen lässt und das Wasser nach und nach wieder abgibt. Auch kleingeschnittene Schwammstücke erhöhen den Wasserspeicher für Topfpflanzen, wenn Sie eine Handvoll davon beim Eintopfen unter die Erde mischen.
Wer mehrere große Kübelpflanzen versorgen will, steckt 3 cm breite und 40 cm lange Dochte aus zerschnittenen Geschirrtüchern mit einem dünnen Stab durch die Wasserabzugslöcher möglichst tief in die Erde. Nehmen Sie so viele Dochte wie möglich. Das geht nur, wenn der Topf nicht extrem durchwurzelt ist. Die Töpfe stehen dann in einer mit Wasser gefüllten Wanne auf Steinen, sodass die Dochte zwischen den Steinen frei ins Wasser hängen! Unter die Töpfe kommen kleine Holzstückchen, damit die Pflanzen nicht mit ihrem Eigengewicht die Wassernachfuhr der Dochte abklemmen.

Tonkegel fassen bis zu 1 Liter Wasser.

WASSERSPEICHER FÜR DIE PFLANZEN

Alles, was den wasserspeichernden Anteil im Substrat erhöht, kommt den Pflanzen bei Hitze zugute. Die einfachste Methode heißt umtopfen, denn alle (hochwertigen) Blumenerden können auch Wasser speichern. Je mehr Erde, desto größer ist der Effekt.

Der nächste Schritt sind kleine, externe Wasserspeicher, die Einzelpflanzen ein paar Tage lang versorgen können. Tonkegel versorgen die Pflanzen je nach Größe des Speichers bis zu eine Woche lang. Das funktioniert auch mit umgedrehten PET-Wasserflaschen und fein durchlöchertem Deckel. Stecken Sie die Flasche dann kopfüber (fest!) in die Erde. Ist sie zu locker, läuft die Flasche einfach aus.

TONKEGELBEWÄSSERUNG NUTZEN

Einzelpflanzen kann man rein mechanisch mit Tonkegeln und Wassertanks wässern: Sobald die Erde trocken ist, öffnet eine Membran im Kegel ein Ventil – das Wasser läuft. Ist die Erde feucht, schließt die Membran das Ventil. Der Wasserbehälter muss höher stehen, die Schwerkraft leitet es zu den Pflanzen.

Lowtech, aber seit Jahrtausenden bewährt sind Ollas: Das Wasser aus dem Tongefäß geht langsam durch die poröse Tonwand in die Erde. Es reicht, wenn man zwei Tontöpfe mit wetterfestem Kleber aufeinander klebt, das untere Wasserabzugsloch verschließt und das so entstandene Gefäß im Beet eingräbt. Nachgefüllt wird durchs obere Loch.

DAS WASSERABZUGSLOCH ZUKLEBEN.

Verkleben und Töpfe vergraben

Untersetzer als Deckel

Die umliegende Erde wird feucht.

Wasserstands-Check

CHECKLISTE: OLLAS

WOFÜR? Wasserspeicher im Beet

WIE? Zwei Tontöpfe mit wasserfestem Klebstoff aufeinander kleben und im lockeren Beetboden vergraben.

FUNKTIONSPRINZIP? Ton ist pöros, das Wasser wird nur dann abgegeben, wenn die Erde auch trocken ist.

WO PLATZIEREN? Zwischen den einzelnen Pflanzreihen im Beet

LEISTUNG? Je nach Größe gut 1 qm

Warnsignale bei Pflanzen

Sind die Blätter nur schlaff oder schon vertrocknet? Pflanzen zeigen Trockenstress unterschiedlich, es gibt drei verschiedene Stadien der Trockenheit, danach sind die Pflanzen nicht mehr zu retten.

Sparsam, mäßig, reichlich: So deuten Sie Gießhinweise.

Trocken, aber noch zu retten

CHECKLISTE: ERSTE HILFE FÜR TROCKENE PFLANZEN

WÄSSERN: dafür bei Bedarf im Beet einen neuen Gießwall aufschütten

KLEINERE TÖPFE IN WASSER STELLEN oder den Topf ganz untertauchen

KÜPBELPFLANZEN auf Untersetzer stellen, wo das Wasser stehen bleibt

TROCKENE Zweige abschneiden

WEICHE PFLANZEN ganz zurückschneiden, auf Neuaustrieb hoffen

GIESSHINWEISE VERSTEHEN

Die falsche Wasserversorgung ist der Pflegefehler Nummer eins, vor allem im Kübelgarten. Beetpflanzen stecken das besser weg, da sie mit dem Gartenboden einen größeren Wasserspeicher zur Verfügung haben und sich zu reichliche Wassergaben besser verteilen, ohne dass die Wurzeln gleich faulen. Mäßig, sparsam oder reichlich gießen – auf Pflegeanleitungen stehen unterschiedliche Angaben: „Sparsam wässern" oder „trocken halten" heißt, dass das Substrat zwischenzeitlich zu zwei Dritteln austrocknen sollte. Kratzen Sie die Erde zur Kontrolle mit dem Finger auf. Wer „mäßig wässert", lässt die Erde 3 bis 4 cm tief austrocknen, bei „reichlich wässern" oder „feucht halten" darf die Erde 1 cm tief antrocknen.

WARNSIGNALE ERKENNEN

Durstige Pflanzen rollen die Blattränder hoch und lassen ab und zu ein Blatt hängen, krautige Pflanzen fühlen sich weich

ACHTUNG: ZU NASSE TOPF-PFLANZEN SEHEN GENAUSO AUS WIE TROCKENE. CHECKEN SIE DEN ÜBERTOPF ERST AUF WASSER UND GIESSEN DANN BEI BEDARF.

an. Wenn alle Blätter ihre ursprüngliche Form verlieren, welken und müde herunterhängen, leiden die Pflanzen unter akutem Wassermangel. Sie sehen blass oder hellgrün aus und die Blüten öffnen sich nur widerwillig. Bei purem Trockenstress sind alle Blätter eingerollt und hängen wie auch die Stängel schlaff herunter, Blattspitzen und einzelne Blätter werden braun oder gelb. Bis zu diesem Zeitpunkt sind die Pflanzen noch zu retten. Sind alle Blätter knistertrocken, fast grau oder braun und sacken krautige Pflanzen in sich zusammen, ist die Pflanze unrettbar abgestorben.

AUCH RASEN ZEIGT DURST

Richten sich die Halme nach Betreten nicht innerhalb von 20 Minuten wieder auf, hat der Rasen Durst. Bei akutem Wassermangel wird er erst dunkelgrün bis bläulich, dann kringeln sich die Halme ein und bekommen braune Spitzen. Gießt man jetzt nicht, wird der Rasen vertrocknen.

Tauchbad für trockene Topfrose

NACH TROCKENSTRESS PFLANZEN RICHTIG GIESSEN

Wässern Sie auch fast vertrocknete Pflanzen nur solange, bis die Erde oder das Substrat wieder feucht ist. Mehr bringt nichts. Im Gegenteil, zu nasser Boden lässt höchstens die Wurzeln faulen, die durch die Trockenheit ohnehin schon genug gestresst sind und aus dem patschnassen Boden keinen Sauerstoff mehr aufnehmen können.

ERSTE HILFE FÜR TROCKENE PFLANZEN

Wässern und die Pflanzen möglichst schattieren. Fast vertrocknete Gartenpflanzen schneiden Sie um etwa ein Drittel zurück, damit die Blätter nicht noch mehr verdunsten. Danach immer wieder mal gießen, sodass der Ballen feucht bleibt. Kübelpflanzen nehmen Sie aus der Sonne und tauchen die Töpfe unter Wasser bis keine Blasen mehr aufsteigen. Schwere Kübelpflanzen kürzen Sie ein, stellen Sie auf einen Untersetzer und wässern ausgiebig, damit sich die Erde erst einmal vollsaugen kann.

Keine Seltenheit mehr:
Rosenblüte Ende Oktober.

Die Harten für den Garten

Robuste Pflanzen werden durstige Stauden und Gehölze in den Hintergrund drängen. In Hausgärten geht es bei Neupflanzungen meist erst mal um Stauden, maximal Großgehölze. Wer einen hitzeverträglichen Baum für große Gärten sucht, pflanzt die Hopfenbuche *(Ostrya carpinifolia)*.

KÜBELPFLANZEN BLEIBEN ERST MAL KÜBELPFLANZEN

Die meisten Exoten werden auch in Zukunft nicht zu reinen Gartenpflanzen, sondern im Kübel bleiben – wenn auch in milden Wintern im Freien. Es wird immer Fröste und Schnee geben, das liegt alleine schon an der geografischen Lage Mitteleuropas.

ROBUSTE STEPPENBEWOHNER

In sonnigen Lagen werden sich immer häufiger sogenannte Steppengärten finden – mit Pflanzen, die von Hause aus trockene, heiße Plätze gewöhnt sind, aber auch bei Starkregen oder längeren Regenperioden nicht gleich schlapp machen.

RADIKALSCHNITT ALS MÖGLICHKEIT?

Seit einigen Jahren läuft an der TU Dresden ein Versuch, bei dem man Gehölze wie Stauden behandelt und sie jährlich im Februar bodennah abschneidet: Die Pflanzen bilden beim sogenannten „Coppicing" nur einjährige Triebe mit entweder schöner Rinde oder dekorativem Laub. Interessanterweise haben die infrage kommenden Gehölze alle Eigenschaften, die auch der Klimawandel von Pflanzen verlangt: Hitzeverträglichkeit, Windtoleranz und Regenerationsfähigkeit. Bewährt haben sich bisher unter anderem Blasenspiere *(Physocarpus)*, Perückenstrauch *(Cotinus)*, Tulpenbaum *(Liriodendron)* und Weißer Hartriegel *(Cornus alba)*.

Der Standort muss stimmen

Falsche Lichtverhältnisse oder unpassender Boden bedeutet schon Stress, kommen dann noch Hitze oder Wassermangel dazu, werden Pflanzen anfällig für Schädlinge. Gönnen Sie daher den Pflanzen von Anfang an einen optimalen Standort.

PFLANZEN SIND SEHR ANPASSUNGSFÄHIG. ETWAS EXPERIMENTIEREN LOHNT SICH DAHER IMMER.

Groß, aber pflegeleicht

BEIM EINKAUF STANDHAFT BLEIBEN

Gartencenter sind einfach grausam und verführen geradezu zum spontanen Beute machen: Von allen Seiten gucken einen die schönsten Stauden an, kokettieren hier mit leuchtenden Blüten, versprechen da auf dem Etikett pure Blütenpower und finden sich schwuppdiwupp im Einkaufswagen wieder. Wird schon passen. Seien Sie stark! Nur allzu schnell landen Pflanzen an unpassenden Standorten, wo sie kümmerlich wachsen, sich dauernd mit Läusen einsauen, ohne tägliche Wassergaben nach zwei Tagen vertrocknen oder ihre Beetnachbarn zuwuchern. Gerade mit extremer werdenden Standorten kommen nur Spezialisten zurecht.

DIE STANDORTE KENNEN

Ob Sonne, Schatten, feuchter oder trockener Boden, jede Pflanze hat da ihre eigenen Wünsche. Ein Platz mit mindestens sechs Stunden Sonne gilt als sonnig,

Pralle Sonne: Wolfsmilch

Satter Schatten: Haselwurz

mit drei bis sechs Stunden als halbschattig, unter drei Stunden als schattig. Wobei lichter Schatten unter Bäumen noch mal schwächer ist als richtig dunkler Schlagschatten hinter Häusern oder Mauern. Absonnig ist dagegen ein schwammiger Begriff – irgendwie ohne pralle Sonne eben. Sonnenpflanzen kommen auch im Halbschatten zurecht, Halbschattenpflanzen auch im lichten Schatten. Idealerweise liegt ein sonniges Beet aber nicht von morgens bis abends in praller Sonne, der durchwandernde Schatten eines Baumes, gerne auch zur Mittagszeit, tut Sonnenpflanzen ebenfalls gut. Mit praller Sonne oder auch dauerfeuchten Plätzen kommen nur hartgesottene Pflanzen zurecht. Standorte können sogar auf engstem Raum variieren: Auf einer Trockenmauerkrone ist es sonnig, heiß und trocken, während es am Fuß der Mauer schattig mit durchaus feuchterem Boden sein kann.

STANDORTE IM GARTEN VERÄNDERN SICH AUCH

Der Klimawandel kann einen aber auch bei lange bestehenden Pflanzungen dazu zwingen, sich mit anderen Beetideen auseinanderzusetzen. Wirft ein Sturm einen Baum um oder bricht ein Ast ab, stehen Pflanzen darunter auf einmal sonnig und damit an einem ungeeigneten Platz. Pflanzen mit anderen Ansprüchen müssen her. Sonst muss man schattieren, bis ein Ersatzbaum groß geworden ist. Soll es ein Steppen- oder Trockenbeet werden, muss man den Boden erst mit Kies durchlässiger machen.

CHECKLISTE: STANDORTE

SONNIG: Platz mit mindestens sechs Stunden Sonne am Tag

ABSONNIG: Ein sonniger Platz, aber ohne pralle Sonne!

HALBSCHATTIG: Orte im Garten mit drei bis sechs Stunden Sonne am Tag

SCHATTIG: Die Sonne scheint an diesen Standorten weniger als drei Stunden pro Tag. Lichter Schatten unter Bäumen ist schwächer als richtig dunkler Schatten hinter Mauern und Häusern.

SO KLAPPT ES MIT DEM ANWACHSEN

Pflanzen kommen gut gewässert in die Erde, der Bodenaushub wird mit Pflanzerde oder Kompost und etwas Hornmehl vermischt. Diese frische Erde liefert Nahrung und speichert Wasser. Ohne eine Bodenverbesserung haben Pflanzen vor allem bei Sand oder Lehm wenig Lust, die Wurzeln aus der wohligen Wärme des Ballens in die harte, karge Erde des Beetes zu schicken. Kratzen Sie die Wände des Pflanzloches leicht auf, um den Übergang zum Garten noch zu erleichtern. Werfen Sie etwas Erde zu einem ringförmigen Wall um die Pflanze herum und wässern Sie ausgiebig.

Robuste Ziergehölze

Sonne, Schatten, Trockenheit – diese Gehölze sind hart im Nehmen, machen dabei aber immer eine gute Figur. Ob mit Blüten, Blättern oder ihren Fruchtständen.

Kupfer-Felsenbirne
Amelanchier lamarckii
Mehrstämmiger Strauch oder Kleinbaum bis 6 m Höhe. Sehr standorttolerant, seine essbaren Früchte sind auch bei Vögeln sehr beliebt. Intensive Herbstfärbung.

Kolkwitzie
Kolkwitzia amabilis
Ob Sonne oder Schatten, Kolkwitzien sind anspruchslos und überstehen auch Dürrezeiten. Die Blüten von Mai bis Juni sind bei Insekten beliebt. Bis 3,5 m hoch werdend.

Kornelkirsche
Cornus mas
Anspruchsloser, im Alter mehrtriebiger und bis 5 m hoher Großstrauch mit essbaren Früchten. Für Sonne oder Schatten geeignet, der Standort sollte warm sein.

Liguster
Ligustrum vulgare
Der immergrüne Strauch wird bis 4 m hoch und verträgt Sonne, Schatten und Überflutung. Idealer Partner für Blütenpflanzen. Als Hecke oder Solitär einsetzbar.

Pfaffenhütchen
Euonymus europaeus
Im Alter bis 6 m hoher Großstrauch, der Trockenheit und Überflutungen verträgt, wind- und frostfest ist. Die Blüten sind eine Bienenweide, die Früchte stark giftig.

Europäischer Pfeifenstrauch
Philadelphus coronarius

Pralle Sonne und Halbschatten, bodentolerant und schnittfest. Als Einzelstrauch oder Blütenhecke. Bis 3 m hoch, Blüten von Mai bis Juni in Cremeweiß.

Prachtspiere
Spiraea vanhouttei

Sonne, notfalls Halbschatten. Als Hecke oder in Einzelstellung, sehr schnittverträglich und robust. Für fast alle Bodentypen. Leuchtend weiße Blüten im Mai und Juni.

Rosen
***Rosa* in Arten und Sorten**

Rosen wurzeln tief und haben daher auch an ihren sonnigen Plätzen wenig Wasserprobleme. Besonders robust sind natürlich Wildrosen wie *R. moyesii* oder *R. multiflora*.

Wolliger Schneeball
Viburnum lantana

Bis 3,5 m hoher Strauch mit attraktiven Blütenrispen, Fruchtschmuck ab Juli. Mit seinem dichten Wuchs ein gutes Vogelschutzgehölz. Winterhart und pflegeleicht.

Sommerflieder
Buddleja davidii

2 bis 3 m hohe Sträucher. Kommen mit kargen Böden und hoher Sonneneinstrahlung bestens zurecht. Blütenripsen von Juni bis Oktober, absolute Schmetterlingsmagnete.

Vogelbeere
Sorbus aucuparia

Anspruchsloser Tiefwurzler für humose Böden. Zwischen 6 und 12 m hoch, ab August leuchtend rote, bei Vögeln sehr beliebte Beeren. Gelborange bis rotes Herbstlaub.

Hitzefrei? Nicht mit uns Kräutern!

Mediterrane Kräuter lieben bei uns die Wärme und kommen auch gut mit Hitze und Trockenheit zurecht.

Teppich-Beifuß
Artemisia caucasica
Das würzige Kraut liebt Sonne und durchlässige Böden, Steingärten etwa. Im Winter ist etwas Schutz nötig, unter -5 °C wird es eng. Wird auch als Gyros-Kraut angeboten.

Currykraut
Helichrysum italicum
Sonnig, sandig, nährstoffarm: Die Pflanze verträgt auch Trockenheit und ist winterhart. Rückschnitt im Frühjahr. Zum Würzen einfach ein paar Zweige kurz mitkochen.

Koriander
Coriandrum sativum
Einjährige Pflanzen, von März bis Juni direkt ins Beet säen. Staunässe meiden. Würzen asiatische Gerichte – Blatternte im Frühjahr.

Lavendel
Lavandula angustifolia
Für warme, trockene Plätze. Die Pflanzen nach der Blüte um ein Drittel zurückschneiden, sonst wenig Pflege. Blüten von Juni bis August. Winterschutz in rauen Lagen.

Oregano
Origanum vulgare
Ideal ist ein vollsonniger Standort mit nährstoffarmer Erde. Oregano verholzt, schneiden Sie ihn regelmäßig zurück.
In strengen Wintern ist Schutz nötig.

Rosmarin
Rosmarinus officinalis
Volle Sonne, lockerer Boden, verträgt im Beet auch einige Tage Trockenheit. Der Halbstrauch überwintert in milden Wintern draußen. Rückschnitt im Frühjahr.

Salbei
Salvia officinalis
Anspruchsloser, über 1 m hoch werdender Halbstrauch für die volle Sonne. Frostfest. Im Frühjahr zurückschneiden. Blüten von Juni bis August. Blatternte vor der Blüte.

Aztekisches Süßkraut
Lippia dulcis
Die Blätter sind süßer als Zucker und eignen sich für Teemischungen. Schön in Ampelpflanzungen. Öfter zurückschneiden, wenig gießen und düngen. Nicht winterhart.

Thymian
Thymus vulgaris
In vielen Sorten und weiteren Arten. Die Pflanze mag magere Standorte und liebt volle Sonne, ist frosthart und ausdauernd. Für Beet, Kübel und Trockenmauern.

Ysop
Hyssopus officinalis
Für Plätze mit durchlässiger Erde. Blaue Blüten von Juli bis August, Rückschnitt im Frühjahr, wenig gießen, viel Kompost geben. Blatternte für Tees, Kräuterquark.

Zistrose
Cistus incanus
Wintergrüne Pflanzen, lieben es trocken und sonnig, in strengen Wintern ist Frostschutz nötig. Getrocknete Blätter für aromatischen, entzündungshemmenden Tee.

Robuste Stauden fürs Beet

Diese Stauden stehen auch nach Winterfeuchte, trockenem Frühjahr und Sommerhitze noch gut da.

Bergenie
Bergenia
Sonne, Schatten, Trockenheit: Die Staude steht gerne auf nährstoffreichem, frischem Boden, zickt aber nirgendwo. Auch für Mauerkronen. Blüht nur in der Sonne!

Duftnessel
***Agastache*, Arten und Sorten**
Die anspruchslosen, je nach Art 80 bis 120 cm hohen Pflanzen haben auffällige Blütenkerzen in Blau, Violett, Rosa oder Weiß. Blütezeit ist von Juni bis September.

Elfenblume
***Epimedium*, Arten und Sorten**
Die 30 cm hohen Bodendecker eignen sich, wie *Epimedium* x *versicolor* 'Sulphureum', gut zur Unterpflanzung von Bäumen, da sie Falllaub einfach „schlucken".

Fackellilie
***Kniphofia*-Hybriden**
Auffällige Stauden mit riesigen Blütenkerzen. Idealerweise in frischen Böden. Etablierte Pflanzen kommen allerdings mit Hitze und Trockenheit erstaunlich gut klar.

Funkie
***Hosta*-Hybriden**
Riesige Sortenauswahl, perfekte Stauden für Schatten und Halbschatten. 'Golden Tiara' oder 'June' eignen sich auch für sonnige Standorte. Schneckfraßgefährdet!

Nachtkerze
***Oenothera*, Arten und Sorten**
Blütenkerzen, leuchtend gelbe oder weiße Blüten: Manche zweijährig (wie *O. biennis*), andere kurzlebig, die sich durch Selbstaussaat allerdings dauerhaft halten.

Pfingstrose
***Paeonia*, Arten und Sorten**
Ja, auch Pfingstrosen sind – einmal eingewachsen – erstaunlich robust. Ihre oft großen Blüten müssen allerdings gestützt werden, Staudenringe sind meist Pflicht.

Purpurglöckchen
***Heuchera*-Hybriden**
Bodendecker für Sonne oder Halbschatten. Filigrane Blütenstände und schön gezeichnetes, oft rotes Laub. *H. sanguinea* 'Leuchtkäfer' hat auffällig rote Blüten.

Sonnenbraut
***Helenium*-Hybriden**
Für sonnige Standorte mit frischem Boden. Blüht in allen Farben der untergehenden Sonne. Die gut 120 cm hohen Stauden stecken Hitze und Trockenheit gut weg.

Taglilie
***Hemerocallis*-Hybriden**
Sehr große Formen- und Farbvielfalt. Als Solitärpflanze oder in Gruppen an sonnigen bis halbschattigen Plätzen mit frischem Boden. Einzelblüten halten nur einen Tag.

Zierlauch
***Allium*-Arten**
Markenzeichen: große Blütenkugeln. Standorte mit durchlässigem Boden ideal: Neben den bekannten großblütigen Arten gibt es auch kleine Arten wie *A. sphaerocephalon.*

Robuste Ziergräser

Für einige wird es leichter, andere bekomme Probleme. Das hängt vom Standort ab. In immer milder werdenden Wintern kann ein Winterschutz entfallen.

Blauschwingel
Festuca glauca
Durchlässige Erde, volle Sonne. Verträgt im Winter keine Feuchtigkeit. Schönste Ausfärbung auf kargen, trocknen Böden. Verliert sonst den kompakten Wuchs. Frosthart.

Prärie-Bartgras
***Schizachyrium scoparium* 'Prairie Blues'**
Bis 1 m hohes Gras für volle Sonne und karge Böden, wächst auch auf frischem Boden, der nicht zu nahrhaft sein sollte.

Diamantgras
Stipa brachytricha
Federgräser sind ideal für sonnige oder halbschattige Plätze. Die Gräser kommen mit Trockenheit bestens zurecht. In strengen Wintern ist etwas Schutz nötig.

Marbel
Luzula
Trocken und schattig? Ein Fall für Marbeln, wie Haar-Marbel *(L. pilosa)* oder Wald-Marbel *(L. sylvatica)*. Die bodendeckenden Gräser vermehren sich mit Ausläufern.

Moskitogras
Bouteloua gracilis
Blüten und Samenschoten erinnern an einen Mückenschwarm. 40 cm hoch, für trockene bis feuchte Standorte. Passt zu naturnahen Pflanzungen, aber auch in Kübel.

Pampasgras
Cortaderia selloana

Je nach Sorte bis 2,5 m hohes Solitärgras für volle Sonne. Gegen Winterfeuchte sollten Sie die Halme hochbiegen und über der Pflanze zeltartig zusammenbinden.

Berg-Reitgras
Calamagrostis varia

Das bis 1 m hohe Gras wächst in jedem Gartenboden sowie an trockenen und feuchten Standorten gleichermaßen. Wurzeldruck von Bäumen macht nichts.

Segge
Carex-Arten

30 bis 100 cm hoch. Wo es an sonnigen Standorten feucht wird, fühlen sich Gelbbunte Seggen *(C. elata)* wohl. Wo es trockener ist, sollte der Standort schattig sein.

Tautropfengras
Sporobolus heterolepis 'Cloud'

Bis 50 cm hohes Gras der nordamerikanischen Prärie mit schöner Herbstfärbung. Das blühende Gras duftet leicht nach Honig.

Japan-Waldgras
Hakonechloa macra

Die sommergrüne Form des Japan-Waldgrases braucht in den ersten Jahren Winterschutz. Nicht wundern, der Austrieb im Frühjahr kommt generell sehr spät.

Windgras
Anemanthele lessoniana

Relativ standorttolerant. Wächst in der Sonne, aber auch im lichten, trockenen Schatten unter Bäumen. Im Schatten bleibt es grün. In der Sonne färbt es gut aus.

Robustes Gemüse für Spätanbau

Wer im Herbst noch kein Wintergemüse pflanzen will, probiert es mit einer der folgenden Kulturen.

Basilikum
Die Pflanzen keimen bei Temperaturen über 15 °C. Einen Versuch ist es im Herbst aber allemal wert, da Basilikum innerhalb einer Woche keimt. Bei kühleren Temperaturen dauert es womöglich etwas länger.

Chinakohl
Chinakohl ist ein Starkzehrer und braucht viel Wasser und etwas Kompost ins Beet. Vor strengeren Frösten ernten Sie das Beet ab und lagern den Chinakohl im Keller in Zeitungspapier ein.

Feldsalat
Die vitaminreichen Pflanzen lieben feinkrümelige Erde und sind eine perfekte und frostharte Nachkultur. Was nicht geerntet wird, lässt man einfach mit leichtem Schutz bis zum Frühjahr stehen.

Kohlrabi
Das Knollengemüse lässt sich bis Oktober noch gut direkt ins Beet aussäen. Wenn Sie die Jungpflanzen vor den ersten Frösten schützen, können Sie noch im November und sogar Dezember ernten.

Mangold
Beim Stiel-Mangold isst man neben den Blättern auch die fleischigen Stiele, beim Schnitt-Mangold nur die spinatähnlichen Blätter. Mangold liebt Sonne und frische Böden. Wichtig: gleichmäßig gießen.

Möhre

In Reihen säen! Ist der Herbst mild, können Sie im September gesäte Möhren noch im Winter ernten. Sonst überwintern sie unter Vlies. Nicht wundern, Möhren brauchen drei Wochen zum Keimen.

Pak Choi

Das Blattgemüse ähnelt Mangold, ist damit aber nicht näher verwandt. Pak Choi ist pflegeleicht, wächst schnell und hat eine Kulturdauer von gut drei Monaten. Fruchtfolgen für Kreuzblütler einhalten.

Radicchio

Ein Blattsalat für Sonne und Halbschatten, der mit Chicorée verwandt ist. Vor strengen Frösten einfach mitsamt dem Wurzelballen ausgraben und im kühlen Keller in Zeitungspapier einschlagen.

Radieschen

Wachsen immer, sobald das Beet länger als sechs Wochen frei ist. Der Herbst ist ideal, dann droht keine Hitze mehr. Als Schwachzehrer haben sie auch keine Probleme mit hungrigen Vorgängern im Beet.

Rettich

Die großen Samen lassen sich leicht aussäen. Ideal ist ein Reihenabstand von gut 25 cm und ein Saatabstand von 10 bis 15 cm. Zu eng stehende Pflanzen innerhalb der Reihen dünnen Sie einfach aus.

Kopf- und Schnittsalat

Kopf-, Schnitt- oder Pflücksalate garantieren auch im Herbst eine schnelle Ernte. Frost beendet die Kultur. Auf unkrautfreien Beeten nutzen Sie die Fläche mit breitwürfiger Saat am besten aus.

Beetplan

Für trockene, sonnige Standorte

Minimaler Pflegeaufwand bei gleichzeitig üppiger Blütenfülle: Für so ein Beet findet sich auch in kleinen Gärten bestimmt ein Plätzchen.

Nicht umsonst haben sich die in diesem Beet verwendeten Pflanzen auch im öffentlichen Grün bewährt. Die beste Empfehlung für den eigenen Garten! Alle Pflanzen sind winterharte Stauden, die Pflege beschränkt sich höchstens mal aufs Zurückschneiden.
Der Standort sollte vollsonnig sein und die Erde leicht und durchlässig, damit die Pflanzen in feuchten Wintern keine Problem bekommen. Wer Lehmboden hat, sollte ihn mit Sand oder Splitt etwas durchlässiger machen. Humus im Boden schadet nicht, Hauptsache es ist trocken. Wer mag, kann das Beet mit einer dünnen Schicht Kies bedecken. Das hat natürlich nichts mit den lieblosen Steinwüsten in vielen Vorgärten zu tun. Der Kies dient lediglich als Mulch und verhindert die Bodenaustrocknung beziehungsweise die Verdunstung von Wasser aus dem Boden. Kies ist biologisch inaktiv und er verbraucht auch keine Nährstoffe. Einziger Nachteil: Er erschwert das Unkrautzupfen.

EINKAUFSLISTE

FACKELLILIE: 2 Pflanzen

GOLD-GARBE 'PARKER': 2 Pflanzen

HIMALAYA-BERGENIE: 3 Pflanzen

STEINQUENDEL: 2 Pflanzen

TAGLILIE: 2 Pflanzen

STEPPEN-WOLFSMILCH: 2 Pflanzen

WEISSER SONNENHUT 'ALBA': 2 Pflanzen

BLAURAUTE: 2 Pflanzen

MAZEDONISCHE WITWENBLUME: 2 Pflanzen

BLUT-STORCHSCHNABEL: 2 Pflanzen

RIESEN-FEDERGRAS: 1 Pflanze

Fackellilie *(Kniphofia)*
Blüte: rot-gelb, VII bis X; bis 100 cm hoch

Gold-Garbe (*Achillea filipendulina* 'Parker')
Blüte: gelb, VI bis IX; 80 bis 100 cm hoch

Himalaya-Bergenie *(Bergenia stracheyi)*
Blüte: rosa, auch weiß, IV bis V; 20 bis 40 cm hoch

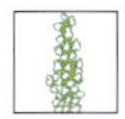

Steinquendel *(Calamintha)*
Blüte: weiß, V bis VII; bis 30 cm hoch

Taglilie *(Hemerocallis)*
Blüte: rot, V bis X; 50 bis 110 cm hoch

Steppen-Wolfsmilch *(Euphorbia seguieriana)*
Blüte: hellgelb, IV bis VI; 30 bis 40 cm hoch

Weißer Sonnenhut (*Echinacea purpurea* 'Alba')
Blüte: weiß, VII bis IX; 60 bis 70 cm hoch

Blauraute *(Perovskia superba)*
Blüte: blau, VI bis IX; 120 cm hoch

Mazedonische Witwenblume *(Knautia macedonica)*
Blüte: dunkelrot, VI bis IX; 120 cm hoch

Blut-Storchschnabel *(Geranium sanguineum)*
Blüte: violett, V bis IX; 30 cm hoch

Riesen-Federgras *(Stipa gigantea)*
Blüte: goldgelb, VII bis IIX; 50 bis 180 cm hoch

2,0 m
3,0 m

Beetplan

Für trockenen Halbschatten

Ob neben einer Hecke oder in Hausnähe: Trockenheit macht auch vor dunkleren Gartenecken nicht halt und verlangt von den Pflanzen Stresstoleranz.

Wo es noch mindestens halbschattig ist und normaler Gartenboden vorherrscht, fühlen sich die Hauptakteure dieser Beetidee wohl. Nur den Wurzeldruck von Bäumen schätzen sie nicht so.
Das Herbst-Helmkraut ist eine relativ unbekannte Staude aus Nordamerika, das sich im Beet immer schon gerne zu Klassikern wie der Gelben Rudbeckie gesellt. Im Zeichen des Klimawandels arrangiert es sich aber auch perfekt mit dem immer beliebter werdenden Himalaya-Storchschnabel – ein neues Dreamteam.
Die großblütige Schönaster ist übrigens auch bei Bienen sehr beliebt.
Das Hohe Pfeifengras *Molinia arundinacea* 'Cordoba' ist recht wüchsig und bekommt daher etwas Abstand zu seinen Nachbarn. Sein Laub wird gut 60 cm hoch, die lockerfiligranen Blütenähren können den Boden um bis zu 180 cm überragen, ohne dabei allerdings das Beet zu erschlagen. Ab September wirft sich das Gras in eine leuchtend gelb-braune Herbstschale.

EINKAUFSLISTE

GELBE RUDBECKIE: 2 Pflanzen

HERBST-HELMKRAUT: 2 bis 3 Pflanzen

BERG-REITGRAS: 2 Pflanzen

SCHÖNASTER 'MADIVA': 3 Pflanzen

PFEIFENGRAS 'CORDOBA': 1 Pflanze

TAUTROPFENGRAS: 2 Pflanzen

HIMALAYA-STORCHSCHNABEL: 6 Pflanzen

Gelbe Rudbeckie (*Rudbeckia fulgida* var. *deamii*)
Blüte: gelb, VII bis XI; 50 bis 80 cm hoch

Herbst-Helmkraut (*Scutellaria incana*)
Blüte: hellblau, VII bis IX; 70 cm hoch

Berg-Reitgras (*Calamagrostis varia*)
Blüte: gelb-grün, VII bis IX; 80 bis 100 cm hoch

Schönaster (*Kalimeris incisa* 'Madiva')
Blüte: weißlich violett, VII bis X; 60 bis 80 cm hoch

Pfeifengras (*Molinia arundinacea* 'Cordoba')
Blüte: VIII bis X; 60 bis 180 cm hoch

Tautropfengras (*Sporobolus heterolepis*)
Blüte: silbrig grau, VIII bis IX; 30 bis 50 cm hoch

Himalaya-Storchschnabel (*Geranium himalayense* 'Gravetye')
Blüte: blau, V bis VII; 30 bis 40 cm hoch

3,0 m
3,0 m

Senkbeet für sonnige Standorte

Ein Senkbeet ist die wohl schönste Methode, Regenwasser aus dem Fallrohr eines Gartenhäuschens oder der Garage auf dem Grundstück versickern zu lassen.

Das Rohr endet auf Bodenniveau und das Wasser fließt ein paar Meter weiter ins Senkbeet. Das Beet selbst ist eine Mulde, in die Regenwasser läuft, dort stehen bleibt und im Boden versickert. Die Erde muss also durchlässig sein. In der Mitte wird der Boden immer feuchter als am Rand sein und bei Regen weicht die Erde richtig auf. Standort extrem! Die infrage kommenden Pflanzen sind hart im Nehmen und daher absolut klimawandeltauglich. Sie kommen mit Trockenheit, aber eben auch mit kurzzeitiger Überflutung in Regenperioden gut zurecht, wenn das Regenrückhaltebecken im XXS-Format unter Wasser steht. Sumpfpflanzen kommen nicht infrage – das Beet steht ja immer nur zeitweise unter Wasser und ist eben nicht dauerfeucht. Der Wassereinlauf ins Beet ist im Plan auf der rechten Seite.

Der Silberkerzenstrauch wird 2,5 m hoch und liebt leicht saure Erde. Gönnen Sie ihm beim Einpflanzen und später ab und zu eine Mulchdecke aus Moorbeeterde.

EINKAUFSLISTE

- **SILBERKERZENSTRAUCH 'RUBY SPICE':** 1 Pflanze
- **VERSCHIEDENFARBIGE SCHWERTLILIE:** 3 Pflanzen
- **KERZEN-GOLDKOLBEN 'ZEPTER':** 1 Pflanze
- **PRACHTSPIERE 'BRAUTSCHLEIER':** 4 Pflanzen
- **PURPUR-SONNENHUT:** 5 Pflanzen
- **WIESEN-TAGLILIE:** 2 Pflanzen
- **BLÄULICHE RUTENHIRSE 'HEAVY METAL':** 7 Pflanzen
- **INDIANERNESSEL:** 4 Pflanzen
- **RAUBLATT-ASTER 'BARR'S BLUE':** 4 Pflanzen
- **HERBST-SONNENBRAUT:** 3 Pflanzen

Silberkerzenstrauch (*Clethra alnifolia* 'Ruby Spice')
Blüte: rosa, VII bis IX; 2 bis 3 m hoch

Verschiedenfarbige Schwertlilie *(Iris versicolor)*
Blüte: blau-violett, VI bis VII; 60 bis 80 cm hoch

Kerzen-Goldkolben (*Ligularia stenocephala* 'Zepter')
Blüte: orange-gelb, VII bis VIII; 70 bis 180 cm hoch

Prachtspiere (*Astilbe Arendsii*-Hybride 'Brautschleier')
Blüte: weiß, VII bis X; 60 bis 120 cm hoch

Purpur-Sonnenhut *(Echinacea purpurea)*
Blüte: purpurrosa, VII bis IX; 50 bis 60 cm hoch

Wiesen-Taglilie *(Hemerocallis flava)*
Blüte: gelb, V bis VI; 70 bis 80 cm hoch

Bläuliche Rutenhirse (*Panicum virgatum* 'Heavy Metal')
Blüte: blau-grün, VII bis IX; 100 bis 140 cm hoch

Indianernessel *(Monarda didyma)*
Blüte: rot, VII bis IX; 70 bis 130 cm hoch

Raublatt-Aster (*Aster novae-angliae* 'Barr's Blue')
Blüte: blau-violett, IX bis X; 150 cm hoch

Herbst-Sonnenbraut (*Helenium*-Hybriden)
Blüte: gelb, VI bis IX; 80 bis 100 cm hoch

4,0 m
4,5 m

Beetplan

Senkbeet für den Schatten

Die Herausforderung für die Pflanzen ist in diesem Beet nicht bloß der Wechsel von Trockenheit und kurzzeitiger Staunässe, sondern auch noch wenig Licht.

Wo Regenwasser von Gartenhäusern oder Garagen einfach in den Garten fließt (oder bei einem künftigen Bauvorhaben), ist das Beet die natürlichste Form der Wasserversickerung. Das gilt auch für Drainagewasser aus einem Graben, der im Senkbeet endet. Bei dem Stichwort Wasserversickerung ist man aber dennoch wieder im Bereich des Rechtlichen – das Versickern von Regenwasser ins Grundwasser ist erlaubnispflichtig und stellt eine Benutzung eines Gewässers dar – um Ärger zu vermeiden, melden Sie so ein Beet der Behörde. Es wird Ihnen schon keiner verbieten!

Wo massenweise Wasser, etwa von größeren Schuppendächern versickern soll, können Sie unter dem Beet auch eine Kiesschicht einbauen. Das Wasser kommt im Plan von rechts.

EINKAUFSLISTE

KANADISCHER RHODODENDRON: 1 Pflanze

KANADISCHE AKELEI: 6 Pflanzen

LEUCHTENDE LOBELIE: 3 bis 4 Pflanzen

SCHLANGENKOPF: 3 Pflanzen

ZWERG-FEDERBUSCH: 1 Pflanze

SCHAUMBLÜTE: 3 Pflanzen

GRÜNES PURPURGLÖCKCHEN 'LEUCHTKÄFER': 8 bis 9 Pflanzen

JAKOBSLEITER: 1 bis 2 Pflanzen

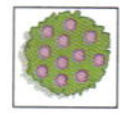

Kanadischer Rhododendron (*Rhododendron canadense* 'Fraseri')
Blüte: lila, V; 80 bis 100 cm hoch

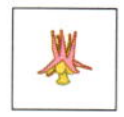

Kanadische Akelei *(Aquilegia canadensis)*
Blüte: rot mit Gelb, V bis VI; 50 cm hoch

Leuchtende Lobelie *(Lobelia cardinalis)*
Blüte: rot, VI bis IX; 80 cm hoch

Schlangenkopf *(Chelone obliqua)*
Blüte: purpurrosa, VII bis X; 70 cm hoch

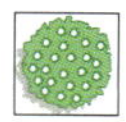

Zwerg-Federbusch *(Fothergilla gardenii)*
Blüte: weiß, IV bis V; 80 cm hoch

Schaumblüte *(Tiarella cordifolia)*
Blüte: weiß, IV bis V; 10 bis 20 cm hoch

Grünes Purpurglöckchen (*Heuchera sanguinea* 'Leuchtkäfer')
Blüte: rot, VI bis VII; 10 bis 60 cm hoch

Jakobsleiter *(Polemonium caeruleum)*
Blüte: blau, VI bis VIII; 50 bis 90 cm hoch

4,0 m
4,5 m

Beetplan

Kleiner Präriegarten

Ein Präriegarten besteht keineswegs nur aus Gräsern aller Arten und Sorten. Auch robuste Stauden mit leuchtenden Blüten kommen mit Trockenheit gut zurecht.

Viele Stauden haben ihren Ursprung in der Prärie, in der sogenannten Hochgrasprärie, die im Vergleich mit der wirklich trockenen Kurzgrasprärie sogar recht frischen und nährstoffreicheren Boden hat. Der muss allerdings durchlässig sein. Dann legen sich die Pflanzen ins Zeug und zeigen sich im Spätsommer von ihrer besten Seite. Gerade Linien? Fehlanzeige! Pflanzen in Reih und Glied? Niemals! Wild und natürlich – Prärie eben.
Die Pflanzen kommen zwar mit sommerlicher Hitze gut zurecht, feuchte Winter können ihnen aber zusetzen, wie den meisten Hitzefesten. Mischen Sie schweren Boden – eigentlich wie bei allen trockenheitsverträglichen Pflanzen – daher vor dem Bepflanzen mit Sand und bedecken Sie das Beet nach dem Bepflanzen mit einer Schicht Lavakies.

EINKAUFSLISTE

STEPPEN-SALBEI 'BLAUHÜGEL': 6 Pflanzen

GROSSBLUMIGE KOKARDENBLUME 'BURGUNDER': 9 Pflanzen

FEDERGRAS: 4 Pflanzen

OKTOBER-SONNENHUT 'PRAIRIE FLOR': 3 Pflanzen

BLAURAUTE 'BLUE SPIRE': 2 Pflanzen

KUGEL-LAUCH: 2 Pflanzen

Steppen-Salbei (*Salvia nemorosa* 'Blauhügel')
Blüte: blau, VI bis IX; 20 bis 50 cm hoch

Großblumige Kokardenblume (*Gaillardia* x *grandiflora* 'Burgunder')
Blüte: rot mit Gelb, VII bis IX; 60 bis 70 cm hoch

Federgras (*Stipa barbata*)
Blüte: silbrig weiß, VII bis VIII; 50 bis 80 cm hoch

Oktober-Sonnenhut (*Rudbeckia triloba* 'Prairie Flor')
Blüte: gelb-rot, VII bis IX; 80 bis 100 cm hoch

Blauraute (*Perovskia atriplicifolia* 'Blue Spire')
Blüte: blau, VII bis X; 100 bis 120 cm hoch

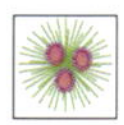
Kugel-Lauch (*Allium sphaerocephalon*)
Blüte: purpurfarben, VI bis VII; 90 cm hoch

2,0 m
2,5 m

Beetplan

Für absonnige Plätze

Vermeintlich öde Bereiche lassen sich mit diesen Pflanzen aufwerten. Sie lieben Halbschatten, murren aber nicht, wenn es dunkler ist – nur keinen Vollschatten.

Die Pflanzen kommen mit nur ein paar Stunden Sonne am Tag bestens klar – ob im lichten Schatten unter einem Baum, vor einem Gehölzrand oder einer Gartenmauer mit ausreichend Licht von oben, aber ohne knallige Sonne!
Das Beet ist für normalen, frisch-feuchten Gartenboden ausgelegt und so aufgebaut, dass es zum Rand hin immer sonniger wird, wo es dann bei den Bergenien auch ruhig mal trockener werden kann. Ansonsten sollte die Erde aber nicht völlig austrocknen. Wenn der Boden trockener oder es in der Ecke richtig schattig ist, können Sie die Rote Kerzenspiere durch eine Wiesenraute ersetzen und das Silbrige Kaukasusvergissmeinnicht (*Brunnera macrophylla* 'Mr. Morse') durch Waldmeister, die beide auch im Schatten nicht schlapp machen.
Die Gold-Segge kann auch in voller Sonne stehen, dann ist ihre Färbung richtig intensiv. Allerdings muss das Gras an solchen Stellen dann wirklich feucht stehen.

EINKAUFSLISTE

ROTE KERZENSPIERE: 1 Pflanze

FEUER-KNÖTERICH: 1 Pflanze

WALD-GLOCKENBLUME 'ALBA': 2 Pflanzen

FUNKIE 'HONEYBELLS': 3 Pflanzen

GOLD-SEGGE 'BOWLES GOLDEN': 2 Pflanzen

SILBRIGES KAUKASUS-VERGISSMEINNICHT 'MR. MORSE': 2 Pflanzen

BERGENIE 'BIEDERMEIER': 4 Pflanzen

Rote Kerzenspiere (*Astilbe chinesis* var. *taquetii* 'Purpura')
Blüte: purpurrosa, VII bis VIII; 90 bis 100 cm hoch

Feuer-Knöterich (*Bistorta amplexicaulis*)
Blüte: rot, VIII bis X; 60 bis 100 cm hoch

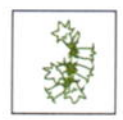

Wald-Glockenblume (*Campanula latifolia* 'Alba')
Blüte: weiß, VI bis VII; 60 bis 120 cm hoch

Funkie (*Hosta plantaginea* 'Honeybells')
Blüte: lavendelfarben, VII bis IX; 10 bis 120 cm hoch

Gold-Segge (*Carex elata* 'Bowles Golden')
Blüte: V bis VI; 40 bis 70 cm hoch

Silbriges Kaukasusvergissmeinnicht (*Brunnera macrophylla* 'Mr. Morse')
Blüte: weiß, IV bis VI; 30 bis 40 cm hoch

Bergenie (*Bergenia cordifolia* 'Biedermeier')
Blüte: hellrosa, IV bis V; 30 bis 40 cm hoch

2,5 m
2,5 m

Robust und pflegeleicht in voller Sonne

Pralle Sonne, lange andauernde Trockenheit und schlechter Boden: Wo scheinbar gar nichts wachsen will, kommen diese Überlebenskünstler noch gut klar.

Blüten und filigrane Pflanzen versprechen einen Hauch von Prärie und Wildwest und sind damit genau das Richtige, wenn der Klimawandel den Gärtner mehr und mehr mit sommerlicher Trockenheit herausfordert.

Auch trockenheitsverträgliche Pflanzen fangen einmal klein an. Bis sich die Pflanzen am Standort eingelebt haben, sollten Sie ganz normal gießen. Lassen Sie die Pflanzen im Beet ungestört wachsen und teilen diese nicht.

Die Blaue Schönaster 'Antonia' wächst aufrecht und hat intensiv leuchtende Blüten – noch blauer als die Blüten der Sorte 'Blue Star'. Wer zusätzlich zu einer blauen Blüte noch Duft haben möchte, pflanzt Ysop *(Hyssopus officinalis)*. Als Ergänzung oder Erweiterung des Beetes kommen auch mediterrane Kräuter wie etwa die goldblättrigen Formen von Melisse, Majoran und Thymian infrage.

EINKAUFSLISTE

BLAUE SCHÖNASTER: 2 Pflanzen

BERG-REITGRAS: 3 Pflanzen

DUFTNESSEL 'BLUE FORTUNE': 2 Pflanzen

GROSSER REIHERSCHNABEL: 3 Pflanzen

LAMPENPUTZERGRAS: 1 Pflanze

FEDERGRAS: 1 Pflanze

ROTER SONNENHUT 'MAGNUS SUPERIOR': 1 Pflanze

ZITTERGRAS: 1 Pflanze

Blaue Schönaster (*Kalimeris mongolica* 'Antonia')
Blüte: blau, VI bis VIII; 80 bis 100 cm hoch

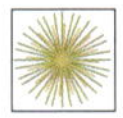

Berg-Reitgras *(Calamagrostis varia)*
Blüte: gelb-grün, VII bis IX; 80 bis 100 cm hoch

Duftnessel (*Agastache* 'Blue Fortune')
Blüte: blau-violett, VII bix IX; 60 bis 70 cm hoch

Großer Reiherschnabel (*Erodium* x *hybridum*)
Blüte: magentarot, VI bis IX; 40 bis 50 cm hoch

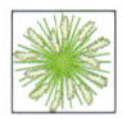

Lampenputzergras *(Pennisetum alopecuroides)*
Blüte: gelblich braun, VII bis X; 50 bis 100 cm hoch

Federgras *(Stipa capillata)*
Blüte: silbrig weiß, VII bis IX; 60 bis 90 cm hoch

Roter Sonnenhut (*Echinacea purpurea* 'Magnus Superior')
Blüte: karminrot, VII bis X; 80 bis 100 cm hoch

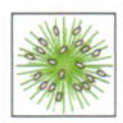

Zittergras *(Briza)*
Blüte: grün-braun, V bis IX; 30 bis 70 cm hoch

1,5 m
4,0 m

Kein Platz für Unkraut im Halbschatten

Nein, totale Trockenheit mögen diese Pflanzen nicht. Wobei sich alle Kandidaten aber nach Trockenheit gut regenerieren. Die Erde sollte humos und nahrhaft sein.

In Zeiten des Klimawandels gibt es natürlich nicht nur Trockenheit und damit Prärie- und Kiesgärten. Auch klassische Beete wird es natürlich geben. Je nachdem, wie sich der Klimawandel entwickelt und womöglich verstärkt, werden Beete mit Prachtstauden aber vermutlich abnehmen und von trockenheitsfrustrierten Gärtnern umgestaltet. Aber erst mal abwarten, so weit ist es noch nicht.

Wo der Boden frisch und nährstoffreich ist, lassen diese Pflanzen den Boden nicht lange offen und Unkräuter können sich dann nicht mehr so leicht durchmogeln und das Beet in Besitz nehmen. Allerdings erst, wenn sie nach ein bis zwei Jahren gut eingewachsen sind. Das Beet liegt an einem sanften Hügel.

Das bis 60 cm hohe Purpurglöckchen *Heuchera* x *brizoides* 'Pruhoniciana' ist hier der Star. Nach der wochenlangen Blüte kappen Sie die Pflanzen bodennah: Die Pflanzen treiben neu aus und blühen auch noch mal.

1: Akelei *(Aquilegia)*, z. B. Kurzspornige Akelei *(A. vulgaris)* 'Clementine Blue' oder *A. caerulea* 'Himmelblau'
Blüte: blau, V bis VII; 40 bis 50 cm hoch

2: Purpurglöckchen (*Heuchera* x *brizoides* 'Pruhoniciana')
Blüte: purpurrosa, VI bis VIII; 50 bis 60 cm hoch

3: Pracht-Storchschnabel (*Geranium* x *magnificum*)
Blüte: blau-violett, VI bis VII; 50 bis 60 cm hoch

4 und 5: Stauden-Pfingstrosen *(Paeonia lactiflora)* im Mix mit **Zierlauch *(Allium)***
Blüte: pink, IV bis V; 10 bis 25 cm hoch (Pfingstrosen) weiß, VI bis VII; 50 bis 180 cm hoch (Riesen-Zierlauch)

3
4
5
2
1
1

Blütenpracht in voller Sonne

Volle Sonne, recht nahrhafte und durchlässige Erde: Das Beet wirft sich im Spätsommer richtig in Schale. Einmal etabliert, brauchen die Pflanzen kaum Pflege.

Die Pflanzen vertragen durchaus Trockenperioden und treten am besten in Gruppen auf. Daher brauchen sie etwas Platz. Wermut lockert das Blütenmeer durch sein Grau auf. Alternativ oder zusätzlich geht das auch mit Silber-Ährengras *(Stipa calamagrostis)*.

Die Pflege beschränkt sich auf den Rückschnitt, Krankheiten und Schädlinge machen keine Probleme. Schneiden Sie allerdings Rudbeckien nach der Blüte möglichst nicht zurück, denn ihre Samen sind im Winter bei Vögeln überaus beliebt. Der Raue Sonnenhut *(Rudbeckia hirta)* hat einen kräftigen Spritzer Orange in seiner Blüte, ist allerdings sehr kurzlebig und wird daher in der Regel einjährig kultiviert.

Welche ist es denn nun? Blütenschirme und leuchtende Farben haben sie ja beide und sie heißen sogar beide Sonnenhut: Gelber Sonnenhut *(Rudbeckia)* und Purpur-Sonnenhut *(Echinacea purpurea)* sind jedoch gar nicht enger miteinander verwandt, haben aber fast gleiche Standortansprüche. Am besten lassen sich die Pflanzen anhand der Blütenmitten unterscheiden: *Echinacea* hat typische, stachelig-spitze Spreublätter, während die dunkelbraune oder dunkelviolette Blütenmitte der Rudbeckie eher glatt und weich ist.

1: Sonnenhut (*Rudbeckia fulgida* var. *sullivantii* 'Goldsturm')
Blüte: goldgelb, VIII bis X; 50 bis 70 cm hoch

2: Leuchtender Sonnenhut (*Rudbeckia fulgida* var. *deamii*)
Blüte: goldgelb, VIII bis IX; 80 bis 100 cm hoch

3: Sonnenbraut *(Helenium)*, z.B. 'Indianersommer'
Blüte: scharlachrot, VII bis X; 70 bis 150 cm hoch

4: Patagonisches Eisenkraut *(Verbena bonariensis)*
Blüte: blau-violett, VII bis X; 80 bis 120 cm hoch

5: Römischer Wermut *(Artemisia pontica)*
Blüte: gelblich, VII bis VIII; 40 bis 80 cm hoch.

2
4
3
3
2
5
1

Beetplan

Robuste Treppenbegleiter

Sonne oder notfalls Halbschatten, dieses Pflanzen-Trio braucht wenig Platz. Durch die ausgeprägte Höhenstaffelung macht es sich ideal vor Trockenmauern.

Der Weiche Frauenmantel *(Alchemilla mollis)* ist der bekannteste und auch robusteste Frauenmantel, fällt aber nach einem starken Regen gerne auseinander und bleibt dann auch meist am Boden liegen. Der Zierliche oder auch Kahle Frauenmantel *(Alchemilla epipsila)* ist da wesentlich härter im Nehmen und wie es der Name schon sagt, kleiner. Nach der Blüte sehen Frauenmäntel etwas mitgenommen aus. Wenn Sie die Pflanzen zurückschneiden, treiben sie wieder durch und bilden schöne, neue, sattgrüner Blätter. Am besten schneiden Sie vor Ihrem Urlaub, dann haben Sie anschließend wieder schöne Pflanzen – oder müssen auf jeden Fall nicht mehr so lange darauf warten.
Zu Füßen des Purpur-Sonnenhuts hat sich noch eine Bergenie dazu gesellt, die nahezu mit allen Standorten klar kommt und an Gartenwegen einen schönen Übergang vom Pflaster zum Beet darstellt. In den Frauenmantel hat sich eine Wolfsmilch verirrt – ein Trockenkünstler für warme Standorte. Ergänzen können Sie die drei noch mit bodendeckendem Geranium (siehe auch S. 95).
Katzenminzen sind ebenfalls beliebte Rosenbegleiter. Der Strauch ist aber auch bei Katzen sehr beliebt, die sich gerne darin rollen und die Triebe abknicken.

1: Weicher Frauenmantel *(Alchemilla mollis)*
Blüte: gelblich, VI bis VIII;
40 bis 50 cm hoch

2: Purpur-Sonnenhut *(Echinacea purpurea)*
Blüte: pupurrot, VII bis IX;
50 bis 60 cm hoch

3: Katzenminze *(Nepeta cataria)*
Blüte: blau, VII bis VIII;
30 bis 60 cm hoch

3
2
1

Hanglagen im Garten

Damit Starkregen keine Erde von Böschungen oder Hängen reißt, ist eine dauerhafte Bodenbedeckung nötig. Dafür eignen sich Pflanzen oder auch mechanische Hilfsmittel, bis diese flächendeckend wachsen.

Mulch bremst Regenwasser.

Halten Erde an Ort und Stelle: Stämme und Jutevlies

NACKTEN BODEN VERMEIDEN

Ob natürliche Hänge oder frisch angelegte Böschungen, die durch den Bau von Terrassen oder vor den Fenstern von Kellerwohnungen entstehen: Solange alles dicht bewachsen oder sonst wie bedeckt ist, ist alles gut. Problematisch ist es direkt nach der Neuanlage, nach einer Umgestaltung oder auch nur einer Neubepflanzung, wenn der Boden ganz oder auch nur stellenweise offen ist und auch kein schützendes Blätterdach umliegender Gehölze hat. Ein Starkregen und schon läuft der Oberboden mit dem Regenwasser ab, verstopft Gullis oder bleibt irgendwo als Schmierfilm liegen.

HANGWASSER AUSBREMSEN

Man muss den Garten nicht gleich terrassieren wie die Reisfelder in Asien, es geht auch einfacher: Sobald eine Böschung dicht mit Rasen, Sträuchern oder Bodendeckern bewachsen ist und kein offener Boden mehr zu sehen, ist sie vor Platzregen sicher. Die Bodendecker brauchen allerdings ein paar Jahre, bis sie dicht an dicht wachsen. Bis dahin sollten Sie den Hang zusätzlich sichern: Schon einfacher Rindenmulch oder Holzhäcksel wirken als Regenbremse und mildern die Wucht der Tropfen deutlich. Noch sicherer sind Böschungsmatten aus Sisal, die Sie wie ein Tuch auf den Boden legen und mit

Dichte Hangbepflanzung: Keine Chance für Erosion!

NICHT ZU PENIBEL SEIN

Robuste Sträucher und bodendeckende Stauden sind ein perfekter Erosionsschutz am Hang. Harken Sie nicht jedes Laub weg, sondern lassen Sie es als Mulch liegen und legen noch ein paar Schaufeln Mulcherde nach. Denn organische Masse fördert das Bodenleben, das sorgt für eine lockere Bodenstruktur und die lässt Regenwasser versickern.

Erdnägeln oder Zeltheringen fixieren. Zum Bepflanzen schlitzen Sie die Matte einfach ein. Die Matten bleiben auf dem Boden und werden später vom Bewuchs kaschiert, bis sie irgendwann verrotten. Pflanzen Sie bei Hanglagen nicht längs zum Hang, sondern immer quer. Sonst bereitet man ablaufendem Wasser Rennbahnen. Das gilt auch für die Bodenbearbeitung in Gemüsebeeten am Hang – alles, was quer zum Hang ist, wirkt als Bremse.

DEN HANG ABSTÜTZEN

Wo abfließendes Wasser dauernd Probleme macht oder eine Böschung sehr steil ist, entschärft man den Hang mit Stützen oder Mauern und kann die entstehenden flacheren Flächen normal bepflanzen. Je steiler ein Hang ist, desto mehr Masse muss die Hangbefestigung haben.

PFLANZEN ZUR HANGBEFESTIGUNG

Für Hänge ist alles super, was den Boden schnell bedeckt oder tief wurzelt. Rollrasen ist natürlich ideal, solange man den Hang dann auch noch mähen kann. Einmal ausgerollt und schon ist die nackte Erde bedeckt. Das machen sonst auch Bodendecker wie Steinkraut, Storchschnabel oder Waldsteinien. Verlegen Sie Rollrasen am Hang auf durchnässtem Untergrund immer senkrecht den Berg hoch und befestigen Sie die Bahnen mit Stäben im Boden. Gehölze wie Kornelkirschen *(Cornus mas)* oder Kleinstrauchrosen sind robust und halten die Erde mit ihren tiefen Wurzeln fest. Das machen auch Pflanzen wie Dickmännchen und Efeu, Johanniskraut oder Spindelsträucher.

Halt für Hänge

Diese Pflanzen bilden rasch ein kräftiges Wurzelsystem, das die Erde festhält. Zudem sind sie pflegeleicht, so muss man nicht dauernd zwischen ihnen jäten.

Astilbe
Astilbe chinensis* var. *taquetii
Diese bis 100 cm hohe Varietät wächst dank Ausläufern bodendeckend. Ideal sind halbschattige Plätze mit frischem Boden, kurze Trockenheit wird gut vertragen.

Fingerstrauch
Potentilla fruticosa
Schnittverträgliche Zwergsträucher für sonnige und halbschattige Plätze. Potentila ist stadtklimafest, das sagt schon fast alles zur Pflege. Wurzelt flach, aber dicht.

Weicher Frauenmantel
Alchemilla mollis
Robuste Staude, die man nach der Blüte zurückschneidet. Regenschauer drücken die Pflanzen zu Boden. Robuster ist der Zierliche Frauenmantel *(Alchemilla epipsila)*.

Herbst-Anemone
Anemone tomentosa
Wer sie mal umpflanzen wollte, kann ein Lied davon singen: Die 120 cm hohen Stauden wurzeln tief und kommen daher auch mit Trockenheit sehr gut zurecht.

Maiglöckchen
Convallaria majalis
Die robusten, aber giftigen Schatten- und Halbschattenpflanzen durchziehen den Oberboden mit dichtem Wurzelgeflecht. Schlechter Boden schreckt sie nicht ab.

Kleinstrauchrosen
Rosa-Hybriden

Diese Kleinstrauchrosen werden nicht hoch, wurzeln aber wie die meisten Rosen tief. Bestens zur Kombination mit Sonnen liebenden Stauden am Hang geeignet.

Sommerflieder
Buddleja davidii

Nicht nur ein Blütenwunder, sondern auch ein Anker für lose Erde. Die Wurzeln sind flach, werden aber als dichtes Geflecht in alle Richtungen ausgeschickt.

Storchschnabel
Geranium-Arten

Storchschnäbel sind pflegeleicht, wachsen dicht und sind auch für große Flächen geeignet. Klassenprimus ist der Balkan-Storchschnabel *(G. macrorrhizum)*.

Teppichmispel
Cotoneaster

Ein gut 50 cm hoher Bodendecker für Sonne oder Schatten, den so leicht nichts aus der Erde haut. Einmal etabliert, sind Unkräuter und Bodenpflege passé.

Trichterfarn
Matteuccia struthiopteris

Ob Schatten oder Halbschatten, wo es feucht ist, krallt sich der Farn förmlich in die Erde. Auch als Gehölz-Unterpflanzung. Wuchert, daher nur für große Flächen.

Waldsteinie
Waldsteinia ternata

Immergrüner Bodendecker für Halbschatten und Schatten. Bildet mit Ausläufern dichte Teppiche, die im April und Mai wie mit gelben Blüten beschneit wirken.

Trockenmauern bauen

Trockenmauern aus Natursteinen lassen sich in Eigenregie bauen und sind mit die schönste Methode, einen Hang zu stützen – Lebensraum für Kleintiere inklusive.

Trockenmauer als Stütze für einen Hang

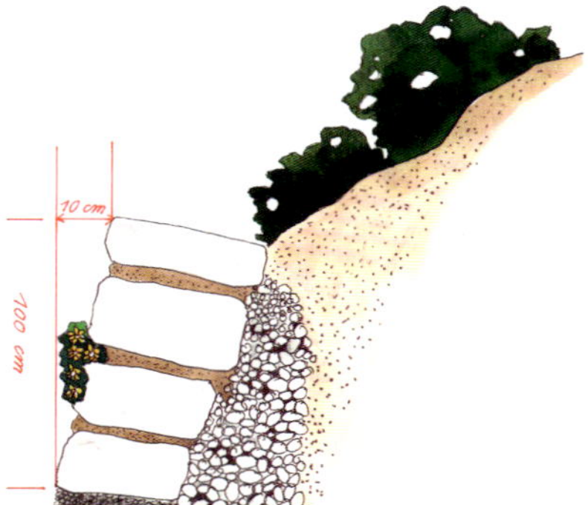

Die Steine mit leichter Neigung zum Hang verlegen.

Gleich beim Bau bepflanzen, Wurzelballen verkleinern

TROCKENMAUERN BAUEN

Die Arbeit ist nicht zu unterschätzen, aber einmal in den sauren Apfel beißen und ordentlich ranklotzen, dann ist der Hang abgestützt.

Eine Trockenmauer besteht aus lose aufgeschichteten, nach Größe und Form abgestimmten Natursteinen, die nur durch ihr Eigengewicht halten. Mörtel kommt nicht zum Einsatz. Eine leichte Neigung der Mauer nach hinten gibt zusätzliche Stabilität. Große, schwere Steine kommen nach unten, die kleineren schichtweise darüber. Die Tiefe der einzelnen Steine sollte dabei innerhalb einer Schicht und von einer Schicht zur nächsten variieren, sodass sie wie Dübel wirken und die Mauer in der Hinterfüllung aus Kies oder auch Mutterboden verzahnen. Vermeiden Sie Kreuzfugen, also durchgehende senkrechte Fugen. Diese mindern die Stabilität der Mauer. Größere Zwischenräume in den Fugen füllt man mit Schotter, kleinen Bruchsteinen oder lehmiger Erde, wenn

CHECKLISTE

MATERIAL: unregelmäßige Natursteine in verschiedenen Größen

HÖHE: nicht höher als 120 cm bauen

FUNDAMENT: gestampfter Schotter

WERKZEUG: Maurerschnur, ggf. Gummihammer zum Ausrichten der Steine

BEPFLANZUNG: Steingartenstauden

DRAINAGEROHR bei Lehmböden

BEIM BAU KREUZFUGEN vermeiden

Kies als Fundament und Hinterfüllung

Drainage bei Lehmböden

Mutterboden hinter der Mauer aufschütten

die Mauer bepflanzt werden soll. Trockenmauern sollten aus Sicherheitsgründen nie höher als 120 cm sein.

DRAINAGE BEI LEHMIGEN BÖDEN BEACHTEN

Ein 40 cm tiefes Fundament aus gestampftem Schotter sorgt für die nötige Stabilität, ein Drainageschlauch bei hohen Mauern und bei Lehmböden für den Wasserabzug. Sonst friert die Mauer im Winter auf. Der Schlauch wird mit Gefälle in den Schotter gelegt und leitet das Wasser in einen ungefährdeten Gartenbereich oder auch in eine Sickergrube.

TROCKENMAUERN BEPFLANZEN

Die bei Naturstein-Trockenmauern in der Regel großzügigen Fugen bieten ausreichend Platz für Steingartenpflanzen wie Blaukissen *(Aubrieta)*, Kamtschatka-Fettkraut *(Sedum kamtschaticum)*, Steinbrech *(Saxifraga)* oder genügsame Kräuter, die wie Thymian mit Trockenheit und Wärme sehr gut zurechtkommen. Am besten bepflanzen Sie die Trockenmauer schon beim Bau und setzen die Pflanzen mit etwas Erde in größere Spalten, wo sie auch Kontakt zum hinterfüllten Erdreich haben.

DIE MAUERKRONE GESTALTEN

Ihre Bauweise macht die Krone der Trockenmauer zum Trockenstandort. Bei entsprechend durchlässigem Boden fühlen sich dort Steppen-Salbei *(Salvia nemorosa)*, Färberkamille *(Anthemis tinctoria)*, Alant *(Inula)* oder Echter Gamander *(Teucrium chamaedrys)* wohl. Eine komplette Beetidee für Mauern finden Sie auf Seite 98. Grenzt die Mauer an eine Rasenfläche, fixieren Sie die oberste Reihe mit Zement. Dann können Sie einfach mit dem Rasenmäher an der Kante entlangfahren.

ANDERE HANGSTÜTZEN

Alternativ können Sie Hänge mit Betonsteinen, Pflanzringen oder Gabionen stützen. Auch Holzpfähle und Palisaden funktionieren. Sie wirken natürlich, sind aber nicht für die Ewigkeit gemacht und für größere Projekte daher ungeeignet. Sogenannte Faschinen sind 30 cm dicke Bündel aus dünnen, 3 m langen Zweigen, die man längs liegend in kleinen Gräben auf dem Hang verteilt und mit durchgeschlagenen Pfählen in die Erde nagelt – bevor Mutterboden eingefüllt wird. Die Bündel halten die Erde dann bis zum Einwurzeln der Bepflanzung.

Beetplan

Mauerkronen bepflanzen

Mauerkronen gehören zu den extremen Standorten im Garten. Kein Problem für hartgesottene Mauerblümchen.

Durchlässiger Boden, im Prinzip mit lehmiger Gartenerde vermischter Schutt, und dann womöglich noch in der prallen Sonne: Mauerkronen sind für Pflanzen Extremstandorte im Garten! Besonders, wenn es sich bei der Mauer um eine Trockenmauer handelt, die mit ihren locker aufgeschichteten Steinen sämtliches Sickerwasser sofort durchlässt. Daher darf der Boden gar nicht zu humusreich oder lehmig sein. Sobald der Boden am Fuß der Mauer etwas nahrhafter und humoser wird, fühlen sich dort auch Taglilien wohl.

Die Montpellier-Nelke bildet dichte Blütenpolster und verströmt darüber hinaus noch einen tollen Duft. Wie auch die Dalmatiner Glockenblume, eignet sie sich für Kübelbepflanzungen. Die Dalmatiner Glockenblume ist eine klasse Alternative zum bekannten Blaukissen – oder auch eine Ergänzung, da sie sich in Schale wirft, wenn das Blaukissen nach der Blüte bereits wieder grün geworden ist. Die robuste Dalmatiner Glockenblume wirft im Winter ihr Laub ab und kommt auch mit frischeren Böden zurecht.

1: Montpellier-Nelke
(Dianthus monspessulanus)
Blüte: rosa, VI bis VII; 20 cm hoch

2: *Iris reticulata* 'Harmony'
Blüte: blau, I bis III; 10 bis 20 cm hoch

3: Akelei (*Aquilegia vulgaris plena* 'Lime Sorbet')
Blüte: weiß, V bis VII; 40 bis 70 cm hoch

4: Steppen-Thymian
(Thymus pannonicus)
Blüte: rosa, VI bis VIII; 20 cm hoch

5: Dalmatiner Glockenblume
(Campanula portenschlagiana)
Blüte: violett, VI bis VIII; 8 bis 15 cm hoch

6: Fackellilie *(Kniphofia)*
Blüte: rot-gelb, VII bis X; bis 100 cm hoch

7: Nachtkerzen (*Oenothera stricta* und *O. macrocarpa*)
Blüte: gelb, V bis VII; 30 bis 80 cm hoch

6
7
4
4
6
5
1
2
3

Grüne Sprechstunde: Läuse & Co.
profitieren oft vom Klimawandel.

Pflanzen schützen

Wenn Läusehorden das große Krabbeln proben oder Pflanzen die Blätter im SOS-Rhythmus verlieren, muss der Pflanzendoktor ran! Und der wird wohl immer mehr zu tun bekommen.

NEUES KLIMA – MEHR SCHÄDLINGE

Altbekannte Krankheiten und Schädlinge wie Blattläuse lieben milde Winter und warme Sommer und vermehren sich prächtig, trockene Frühjahrsmonate und feuchtere Frühsommer sind ganz in ihrem Sinn. Apfelwickler, Buchsbaumzünsler & Co. werden noch mehr Generationen pro Jahr durchbringen als bisher. Wanzen und Zikaden profitieren von heißen, trockenen Sommern – da fühlen sie sich pudelwohl.

NEUE SCHÄDLINGE DURCH DEN KLIMAWANDEL?

Buchsbaumzünsler oder Kirschessigfliege sind keine „Klimaschädlinge", sondern eingeschleppte Lästlinge, die auch so gekommen wären. Durch milde Winter und gestresste Pflanzen fühlen sich die Schädlinge aber besonders wohl. Ein Neuling, der sich nur dank milder Winter festsetzen konnte, ist die riesige Hyalomma-Zecke, die nach Expertenmeinung 2019 zum ersten Mal in Deutschland erfolgreich überwinterte.

SCHÄDLINGE SIND FRÜHAUFSTEHER GEWORDEN

Aber nicht nur das, die Schädlinge befallen die Gartenpflanzen auch deutlich früher als sonst. Dem können Sie nicht nur mit geeigneten Sorten entgegenwirken, sondern den Pflanzen auch mit einem geeigneten Standort und bestmöglicher Pflege helfen. Das heißt nicht, dass Sie die Pflanzen andauernd spritzen und betüddeln müssen, richtige Düngung und guter Gartenboden sind das A und O.

Gesund von Anfang an

Nur wer schnell anwächst, ist schnell gegen Wetterschwankungen gewappnet und kann Schädlingen Paroli bieten. Achten Sie daher beim Pflanzenkauf auf Qualität – und gesunde Pflanzen.

Kurzer Rundum-Check schon im Gartencenter

GESUNDE PFLANZEN ERKENNEN

Eine gesunde, gut gepflegte Pflanze ist kompakt gewachsen, hat kräftige und gut verzweigte Triebe, die bis nach unten hin belaubt sind. Die Blätter sind makellos und haben eine arttypische, satte Farbe. Natürlich ist ein einzelnes gelbes Blatt nicht tragisch, aber viele hellgrüne Blätter deuten auf Nährstoffmangel hin. Vorsicht auch bei Pflanzen mit gekräuselten oder beschädigten Blättern: Schädlingsbefall droht! Nehmen Sie die Pflanzen also im Handel genau unter die Lupe und achten Sie besonders an jungen Trieben und in Blattachseln auf Fraßspuren, Beläge und Schädlinge. Sehen Sie auch ruhig einmal unter die Blätter, wo Schädlinge gerne sitzen und saugen. Watteartige Gebilde an den Blattnerven deuten auf Wollläuse hin, klebrige Blätter auf diverse Schädlinge. Ist der Erdballen der Pflanze total durchwurzelt, ist das Produkt ein Ladenhüter.

Läuse? Gleich stehen lassen!

Stehen lassen! Das gilt auch für trockene und damit wenig gepflegte Pflanzen.

CONTAINER UND WURZELNACKT

Rosen und andere Gehölze gibt es wurzelnackt oder im Container. Wurzelnackte sind preiswerter, aber nur im Herbst und Frühjahr zu haben und völlig ohne Laub oder Blüten. Containerrosen haben oft sogenannte Ringwurzeln, die kreisförmig am Innenrand des Containers entlang wachsen und im Garten schlecht anwachsen. Stauden gibt's in Groß oder Klein: Kaufen Sie die Pflanzen in den kleinen 9-cm-Töpfen, die wachsen besser an als Stauden in den größeren 3-Liter-Containern. Pflanzen in größeren Töpfen haben oft nicht so recht Lust, von der guten Erde im Topf in den schlechteren Gartenboden zu wachsen.

ZUR RECHTEN ZEIT KAUFEN

Auch wenn Sie alle Pflanzen zu jeder Zeit bekommen, sollten Sie Gehölze nur im

Wurzelnackte Pflanzen ausgiebig wässern

Besonders robust: ADR-Rosen

RESISTENTE PFLANZEN

Viele Sorten sind resistent gegen Krankheiten wie Mehltau. Schädlingen wie Möhrenfliegen entgehen Sie durch spätere Aussaat, der Kirschfruchtfliege durch frühe Kirschsorten wie 'Burlat', die vor der Hauptflugzeit der Fliegen reifen. Ob die Fliegen durch mildere Winter auch eher fliegen, ist noch nicht sicher. Achten Sie bei neuen Rosen auf das ADR-Label (siehe S. 104/105). Das ist ein Rosen-TÜV – der wohl härteste der Welt. Die Sorten müssen sich an verschiedenen Standorten jahrelang bewähren, dabei eine gute Figur machen und ohne Gift auskommen. Das schaffen nur die Besten der Besten!

CHECKLISTE: KAUFTIPPS

GESUNDE PFLANZEN sind sortentypisch gefärbt, frei von Schädlingen und haben gut durchwurzelte Erdballen.

WURZELNACKTE PFLANZEN sind preiswert, gibt's aber nur im Herbst und Frühjahr.

CONTAINERWARE gibt es ganzjährig, ist aber je nach Größe teurer.

Frühling oder Herbst kaufen und pflanzen. Nur so haben die Pflanzen Zeit, bis zum Sommer genügend Feinwurzeln zu bilden, mit denen Sie die Wasserversorgung sichern und mit Trockenheit besser klar kommen. Wurzelnackte pflanzen Sie im Herbst, dann kommen sie frisch vom Feld und wachsen im noch sommerwarmen Boden problemlos vor dem Winter an. Immergrüne pflanzen Sie bei bewölkter Witterung, da die Blätter schon Wasser verdunsten, über die wenigen Wurzeln aber kaum Nachschub kommt. Stauden kann man problemlos ganzjährig pflanzen.

Robuste ADR-Rosen

Diese Rosen zeichnen sich durch außergewöhnliche Robustheit und Blattgesundheit aus.

Edelrose 'Desirée'
Eine zwischen 100 und 130 cm hohe und 70 cm breite, klassische Edelrose mit angenehmem Duft und auffallend großer Blüte. Starker erster Blütenflor und schwächere Folgeflore. (Züchter Tantau)

Kleinstrauchrose 'Medeo'
Eine breit buschige, bis zu 60 cm hohe Rose mit starkem ersten Blütenflor und reich blühenden Folgefloren. Irgendwas blüht immer! Die Sorte eignet sich perfekt für Flächenpflanzungen. (Züchter Kordes)

Bodendeckerrose 'Sweet Haze'
Die Blüten überdecken diese reichblütige Rose fast komplett, wobei ein tolles Farbspiel zwischen jungen Knospen, frischen und älteren Blüten auftritt. Vollständig selbstreinigend. (Züchter Tantau)

Beetrose 'Martin Luther Rose'
Die Blüten öffnen sich in zartem Apricot und werden später weiß. Das ist ein satt leuchtender Kontrast zum frischen Grün der dichten Belaubung. Die Rosensorte ist selbstreinigend. (Züchter Tantau)

Beetrose 'Planten un Blomen'
Die Blattoberseite der ausgesprochen gesunden Beetrose ist rot, die Blattunterseite weiß – eben die Farben von Hamburg, dessen Park „Planten un Blomen" namensgebend war. (Züchter Kordes)

Kleinstrauchrose 'Bienenweide'

40 bis 50 cm hoch, etwas breiter. Die Blüten sind nur 4 cm groß, erscheinen aber in Massen. Die Rose lässt sich bestens mit Stauden kombinieren. (Züchter Tantau)

Kleinstrauchrose 'Summer of Love'

Die Rose mit den kirschroten und strahlend gelben Blüten ist perfekt für naturnahe Gärten. Öfterblühend, 80 cm hoch und aufrecht buschig. (Züchter Kordes)

Strauchrose 'Candela'

Die 80 cm hohe Rose ist so robust, dass sie es bis in öffentliche Grünanlagen geschafft hat. Dort begeistert sie wie im Beet mit gelben Blüten. Die sind trotz Füllung selbstreinigend. (Züchter Tantau)

Kletterrose 'Camelot'

Die bis 3,50 m hohe Rose ist wüchsig und bildet viele neue Bodentriebe. Sternrußtau- oder Mehltau machen kaum Probleme. Der Clou: die feine, dunkel pinkfarbene Blütenzeichnung. (Züchter Tantau)

Kletterrose 'Jasmina'

Gut 3 m hoch, mit einem intensiven, herrlich fruchtigen, aber nicht aufdringlichen Duft nach frischen Äpfeln und Aprikosen. 'Jasmina' ist öfterblühend und begeistert durch Blütenreichtum. (Züchter Kordes)

Kletterrose 'Perennial Blue'

Öfterblühend, bis 4 m hoch, mit großen Blütendolden, die erst lilarosa sind, dann violett. Die Blüten erscheinen an neuen, gut 1 m langen Trieben und den Seitentrieben älterer Zweige. (Züchter Tantau)

Schädlingen vorbeugen

Gleich zum Pflanzen-Doc und spritzen? Im Notfall ja. Noch besser ist es natürlich, wenn sich das Wartezimmer erst gar nicht mit grünen Patienten füllt. Untersuchen Sie Ihre Pflanzen daher regelmäßig.

Brokkoli unterm Schutznetz

Blattläuse an Rosen

CHECKLISTE

- **STRESS VERMEIDEN:** weite Pflanzabstände, gleichmäßig wässern, keine Staunässe, Hitze abmildern
- **RESISTENDE SORTEN WÄHLEN:** z. B. ADR-Rosen
- **KULTURSCHUTZNETZE VERWENDEN:** gegen Möhrenfliege & Co.
- **NÜTZLINGE FÖRDERN:** Marienkäfer, Florfliegen, Laufkäfer, Hummeln
- **GUTE PFLEGE:** Boden und Pflanzen

SCHÄDLINGE RECHTZEITIG ERKENNEN

Ist die Pflanze schon befallen? Das lässt sich nur bei einer näheren Untersuchung der Pflanze feststellen. Aus der Ferne sehen auch Pflanzen zunächst noch gesund aus, auf denen sich schon hordenweise Schädlinge tummeln. Doch glücklicherweise zeigen Pflanzen beim genaueren Hinsehen, wenn ihnen Schädlinge zu schaffen machen – durch Flecken, Beläge, Kümmerwuchs oder sogar sichtbare Tiere an den Triebspitzen. Oft erkennt man an klebrigem Honigtau, wenn sich Blatt-, Schild- oder Wollläuse an der Pflanze zu schaffen machen. Honigtau sind die zuckerhaltigen Ausscheidungen der Tiere. Nicht weiter schlimm, wenn sich darauf nicht gerne Rußtaupilze ansiedeln, die wie eine Pflanzen-Sonnenbrille die Fotosynthese lähmen.

SCHÄDLINGEN VORBEUGEN

Am besten treten Schädlinge natürlich erst gar nicht auf. Die Auswahl resistenter Sorten, Kulturschutznetze, die Förderung von Nützlingen sowie eine gute Pflanzen- und Bodenpflege kann den Schädlingsbefall in vielen Fällen von vornherein abmildern oder sogar verhindern. Stress ist auch bei Pflanzen oft die Ursache für Wehwehchen. Ein zu dichter Stand, unre-

MARIENKÄFER UND DEREN LARVEN SIND MEISTER DER BLATTLAUSVERTILGUNG. 100 BIS 150 STÜCK FRESSEN DIE KÄFTER ETWA TÄGLICH!

Florfliegen und ihre Larven lieben Blattläuse! Es sind nachtaktive Insekten.

gelmäßige Wasserversorgung, zu viel Sonne oder ein zu nasser Boden, schon sind die Pflanzen aus dem Gleichgewicht und Läuse machen sich über das weiche Gewebe her. Auf Dauer bleiben Pflanzen nur gesund, wenn ihnen der Standort zusagt. Geben Sie der Pflanze so viel Dünger wie sie braucht, aber nicht mehr. Viel hilft nicht viel, der Überschuss gelangt früher oder später ins Grundwasser.

NUR MIT BEDACHT SPRITZEN

Einzelne Läusekolonien kann man noch mit Wasser wegspritzen oder sie mit Schmierseife einseifen. Aber wenn Schädlinge überhand nehmen, hilft nur noch Spritzen. Insektizide sind allerdings meist Hau-Drauf-Präparate und unterscheiden nicht zwischen Freund und Feind. Greifen Sie möglichst zu Mitteln, die mit „nicht bienengefährlich" gekennzeichnet sind und auch andere Nützlinge soweit in Ruhe lassen, dass deren Population nicht beeinträchtigt wird. Auch bienenfreundliche Mittel sollten Sie nicht in offene Blüten spritzen. Anfliegende Bienen werden zwar nicht vergiftet, sie nehmen aber den fremden Geruch an und werden dann vom eigenen Volk bei der Rückkehr in den Bienenstock drangsaliert. Insektizide auf der Basis natürlicher Wirkstoffe wie Neem schonen Nützlinge und hinterlassen im Boden keine giftigen Rückstände. Dennoch sollten Sie auch bei diesem Mittel natürlich die Packungshinweise beachten!

NÜTZLINGE ALS GEGENSPIELER

Lassen Sie ruhig mal Nützlinge wie Marienkäfer, Florfliegen oder Raubmilben ran, die es im Fachhandel zu kaufen gibt und die Umwelt, Haustiere und Menschen in Ruhe lassen! Aber: Der Einsatz ist auf Gewächshäuser und Wintergärten beschränkt, da die kleinen Helfer Temperaturen von über 18 °C und hohe Luftfeuchte lieben und im Freiland meist davonfliegen. Nur Florfliegenlarven erledigen auch auf geschützten Terrassen ihren Job. Setzen Sie Nützlinge beim ersten Anzeichen von Schädlingen aus, bei Massenbefall dezimieren Sie diese vorher mit einem biologischen Spritzmittel.

Pilzkrankheiten werden lästiger

Rost, Echter oder Falscher Mehltau sind nicht neu, die Bedingungen für die Pflanzen werden aber härter – und für Pilze besser. Tun Sie alles, damit sich die Pflanzen am Standort wohlfühlen!

Sternrußtau an einer Rose

Mehltau an Mahonie und Gurke

PFLANZEN VORBEUGEND STÄRKEN

Gesunde, kräftige Pflanzen sind für Pilze nicht annähernd so attraktiv wie geschwächte Pflanzen. Zu viel oder zu wenig Dünger macht Pflanzengewebe weich und schwammig, sodass Pilzsporen leicht eindringen können. Stehen Pflanzen zu dicht oder werden nicht geschnitten, bleiben die Blätter nach einem Regen lange nass – genau die Bedingungen, die Sternrußtau, Falschen Mehltau, Braunfäule, Buchsbaumtriebsterben oder Schorf keimen lassen. Aber auch grobe Bedienungsfehler lassen Pflanzen krank werden: Ein häufiger Wechsel von Bodentrockenheit und Nässe lässt nicht nur Blätter gelb werden, irgendwann sind auch Schädlinge und Pilze zur Stelle. Jede Pflanze hat bestimmte Wünsche an den Standort, und die sollten Sie ihr auch gönnen. Oder lieber andere Pflanzen nehmen. Auf staunassem Boden kümmern fast alle Pflanzen und werden von Schwächepilzen befallen.

WOHIN MIT KRANKEN PFLANZEN?

Viele Pilze bilden Dauersporen, mit denen sie lange im Boden überleben können. Von Pilzen befallene Blätter und andere Pflanzenteile sollten Sie am besten gleich im Hausmüll entsorgen, damit man die Pilze nicht über deren Dauersporen mit dem Kompost im Garten verteilt. Eine Ausnahme ist Mehltau, der ausschließlich auf lebendem Gewebe überlebt.

PILZE CHEMISCH BEKÄMPFEN

Werden Pflanzen erfahrungsgemäß befallen und herrscht feucht-warme Witterung

STÄRKUNGSMITTEL WIE SCHACHTELHALM FESTIGEN PFLANZEN UND MACHEN SIE WIDERSTANDSFÄHIGER. DA MAN KEINE DIREKTE WIRKUNG SIEHT, WERDEN DIE MITTEL OFT SKEPTISCH GESEHEN.

Rosenrost und Apfelschorf lieben hohe Luftfeuchtigkeit.

Schachtelhalm als Grundlage für Stärkungsmittel

vor, können Sie vorbeugend spritzen und die Pilzsporen damit am Keimen hindern. Werden erste Symptome sichtbar, helfen nur noch systemische Mittel, die mit dem Saftstrom transportiert werden. Nur Mehltau ist von Hause aus feucht genug, um auch bei Trockenheit zu keimen. Und das nutzt er auch aus.

Mittel gibt es generell anwendungsfertig (AF) oder als Konzentrat zum Anmischen. AF-Mittel haben einen Spritzkopf und werden direkt aus der Flasche gespritzt. Für Konzentrate braucht man eine Spritze und man muss selber mischen, kann aber weitaus mehr Pflanzen behandeln.

CHECKLISTE: PFLANZENSCHUTZ

- **PFLANZEN VORBEUGEND STÄRKEN:** geeigneter Standort, Stärkungsmittel, richtig düngen
- **KRANKE PFLANZEN** im Hausmüll entsorgen.
- **ANWENDUNGSFERTIGE SPRITZMITTEL** bevorzugen, da keine Überdosierungsgefahr
- **SPRITZMITTEL-KONZENTRATE** immer nur nach Gebrauchsanweisung dosieren
- **NÜTZLINGSSCHONENDE MITTEL** wie Neem oder auch *Bacillus thuringiensis* bevorzugen
- **NÜTZLINGE FÖRDERN:** z. B. Insektenhotels

WIE VIEL DARF'S DENN SEIN?

Eine gefahrlose Anwendung von Fungiziden ist nur mit den Packungshinweisen und der exakten Aufwandmenge gegeben. Diese Menge hat auch die beste Wirkung und wird in % angegeben, man muss sie nur noch auf die nötigen ml an Spritzmittel umrechnen. Das ist nicht jedermanns Sache. Rechnen Sie einfach die Prozentzahl x 10 x der Literzahl an Brühe, die Sie haben wollen. Bei 0,3 %iger Menge und einer 5-Liter-Spritze brauchen Sie 0,3 x 10 x 5, also 15 ml Spritzmittel.

Vor Spätfrösten schützen

Durch mildere Winter treiben unsere Pflanzen früher aus und werden von späten Frösten im Frühjahr bedroht. Mit klugen Handgriffen können Sie diesen eins auswischen und Ihre Ernte sichern.

Mulch schützt auch vor Spätfrost.

Zwei Kerzen sorgen für Wärme.

SPÄTFRÖSTE WERDEN PROBLEMATISCH

Spätfröste gab es immer schon und wird es wohl auch immer geben. Das Problem sind milde Winter und der immer frühere Austrieb der Pflanzen. Wenn es früher Spätfröste gab, haben die Obstbäume oftmals noch gar nicht geblüht. Aber schon eine Frostnacht kann die gesamte Ernte für das Jahr vernichten. Ein Vlies um die Baumkrone kann Schlimmeres verhindern. Wenn Pflanzen früher aus der Winterruhe kommen, lassen stärkere Fröste im Februar oder März die Stämme von Steinobst reißen. Eintrittspforten für Krankheiten! Abmildern kann man das durchs Kalken der Stämme, sodass die Stämme dann nicht ganz so krassen Temperaturunterschieden ausgesetzt sind.

SO WERDEN IHRE PFLANZEN MIT SPÄTFRÖSTEN FERTIG

Einzelne Pflanzen decken Sie einfach mit Vlies ab, das auch im Gemüsegarten unverzichtbar ist. Milde Winter verführen zur früheren Aussaat. Das lohnt sich und klappt auch, wenn Sie das Beet gleich mit Vlies abdecken und dieses in den ersten Wochen doppelt nehmen. Eine Frostschutzberegnung kommt nur bei Profis infrage, im Garten können Sie aber Wasserwannen unter kleinere Obstbäume stellen. Deren aufsteigende Wärme reicht oft schon. Sonst helfen kleine Petroleumöfen. Bevorzugen Sie im Obstgarten generell spät blühende Arten und Sorten und setzen Sie in gefährdeten Gebieten auf Wandspalierobst: Die Wärme der Mauern schützt die Pflanzen. Mulchen Sie Erdbeeren nur dann mit Stroh, wenn keine Spätfröste drohen. Die Auflage bremst die Wärmenachlieferung aus dem Boden, Schäden an Blüten oder jungen Früchten drohen. Denselben Effekt hat das Offen-

Die Stämme von Obstbäumen als Frostschutz kalken.

Doppelter Schutz: Folie und Platz an einer warmen Wand

halten von Baumscheiben oder das Kurzmähen von Gras unter Obstgehölzen.

HEIZUNG FÜR GEWÄCHSHÄUSER

Für Kleingewächshäuser gibt es Heizungen im Handel, Sie können aber auch einfache Öfen bauen, um die Temperatur in Pflanzennähe anzuheben: Stülpen Sie mehrere Terrakottatöpfe über je ein bis zwei brennende Stumpenkerzen und stellen die Töpfe auf eine feuerfeste Unterlage. Die Kerzen sollten in Randnähe stehen. Die Töpfe werden warm und geben die Wärme an die Pflanzen weiter. Ein Steinchen unter dem Topfrand sorgt für die Luftzufuhr, das Wasserabzugsloch decken Sie mit einer Tonscherbe ab, damit die Wärme nicht zu schnell entweicht. Die Töpfe heizen das Haus nicht, sondern halten es im Idealfall frostfrei.

CHECKLISTE

- **STÄMME KALKEN** gegen Frostrisse
- **VLIESABDECKUNGEN** für Gemüse
- **WASSERWANNEN** bieten kleinen Obstbäumen Wärme.
- **SORTENWAHL:** Spät blühende Obst- und Spaliersorten wählen
- **BÖDEN OFFEN HALTEN:** Erdbeeren und Bäume nicht zu früh mulchen

Schutzmäntel gegen Hagel & Co.

Es sind oft nur Minuten, die aus einem blühenden Garten einen chaotischen Mix aus umgeknickten Stängeln, abgeschlagenen Zweigen, Blättern und zerfetzten Blüten machen: Sturm, Hagel und Starkregen schädigen die Ernte.

Vliestunnel für ganze Beete

Einzelpflanzen mit Vlies umwickeln

CHECKLISTE

- **VLIES UND NETZE** schützen Beete und Pflanzen vor Hagel und Sonne.
- **VLIES** immer windsicher befestigen.
- **SONNENSCHUTZ** aus engmaschigen Netzen und gespannten Tüchern
- **BEI HITZE** keine Gehölze schneiden.
- **VERHAGELTE PFLANZEN** hochbiegen und bei Bedarf zurückschneiden

WAS EIGNET SICH ALS HAGELSCHUTZ?

Ein Hagelschutz muss nicht schön sein, er kommt ja entweder nur nachts oder kurzzeitig am Tag zum Einsatz. Aber er muss stets griffbereit sein und sich vor allem leicht und schnell auf- und abbauen lassen, wenn am Himmel das nahende Gewitter bereits ersichtlich ist. Infrage kommen daher engmaschige Netze, Vlies, Bambusmatten oder Folie. Wichtig ist allerdings immer ein gewisser Abstand zu den Pflanzen oder der zu schützenden Oberfläche, damit die Materialien ein wenig federn können und die Wucht der Hagelkörner dadurch abmildern.

VLIES UND VLIESTUNNEL

Hagel oder Starkregen werden meist von heftigen Windböen begleitet. Zum Abdecken größerer Flächen sind daher nur Netze oder leichtes Vlies praktikabel, wo der Wind einfach durchwehen kann und sich das Material nicht wie Segel aufbläht und wegfliegt. Daher sind schwerere Folien nur etwas fürs Kleingewächshaus: Die Scheiben bedecken und am besten noch ein Netz darüber legen, diese mit Erdhaken im Boden befestigen oder irgendwo am Gewächshaus mit Klammern. So pustet der Wind die Folie nicht wieder herunter. Mit einem Schutznetz können Sie das Glasdach auch mit Pappe vor Hagel schützen.

Dichte Äste als Sonnen- und auch Hagelschutz

VERZÖGERTER SOMMERSCHNITT

Im Obstgarten bremst der Sommerschnitt die Wuchskraft von Äpfeln und Birnen, Süßkirschen werden generell im Sommer geschnitten. Schneiden Sie aber erst Mitte August, wenn die größte Hitzegefahr vorbei ist. Ist das nicht möglich, schützen Sie den geschnittenen Baum mit einem Schattiernetz.

HAGELSCHÄDEN VERSORGEN

Abgebrochene Zweige und Triebe schneiden Sie ab, die erholen sich nicht mehr. Setzen Sie die Schere dicht über dem ersten Austrieb oder dem ersten Auge in der unbeschädigten Triebpartie an.
Umgeknickte, aber nicht abgeknickte Stängel von Stauden wie Dahlien oder Rittersporn lassen sich oft schienen: Biegen Sie die Triebe zunächst wieder hoch, dann die Stängel an einen kurzen, aber stabilen Stock anbinden, ohne diese dabei abzuschnüren. Wenn die Leitungsbahnen nicht unterbrochen sind, wächst die Pflanze weiter. Hohe Stauden fallen nach einem Hagel oder auch nur nach einem Starkregen oft auseinander. Die Triebe selbst sind unbeschädigt, richten sich aber oft nicht wieder von selber auf. In dem Fall helfen Pflanzenstützen, an denen Sie die Pflanzen einfach aufbinden. Bei Thujen fallen oft einige Astpartien aus der Formation und ragen dann wie Nasen aus dem Gehölz. Solche Triebe binden Sie mit einer biologisch abbaubaren Schnur wieder in Form. Diese fällt mit der Zeit einfach ab und schnürt keinen Trieb ein.

ZERSTÖRTE PFLANZEN ZURÜCKSCHNEIDEN

Auch wenn sie wie gerupfte Hühner aussehen: Total zerstörte Stauden lassen Sie noch zwei bis drei Wochen im Beet. Oft erholen sich die Pflanzen und treiben neu aus. Stark beschädigte Sträucher mit unzähligen Rindenschäden schneiden Sie unabhängig von irgendwelchen Schnittregeln zurück und geben ihnen etwas Dünger. Viele Pflanzen erholen sich wieder. Die Blütenpracht ist für dieses Jahr natürlich hin.

SONNENSCHUTZ IM BEET ODER AUF DER TERRASSE

Ob Einzelpflanzen, ganze Beete oder kleine Rasenflächen: Ein Sonnenschutz kommt bei Hitzeperioden zum Einsatz. Für Gewächshäuser gibt es spezielle Schattiernetze oder Schattierfarbe. Beides wird von außen angebracht und lässt die Sonne gar nicht erst ins Haus. Als Farbe können Sie auch einen Mix aus Wasser und Mehl aufbringen. Im Beet und für Einzelpflanzen reicht ein leichtes Vlies, das Sie um die Pflanzen wickeln oder einfach auflegen. Das gilt auch für frisch geschnittene Hecken. Die sind sehr sonnenbrandanfällig.

Gartenteiche

Der Gartenteich leidet besonders unter sommerlicher Hitze, das Wasser wird warm, die Algen wachsen und Fische leiden. Aber das Wasser lässt sich sogar in gewissem Maße kühlen – mit Wasserspielen.

Sickerwasser überdüngt Teiche.

ACHTUNG BEI STARKREGEN

Teichbewohner reagieren empfindlich auf Pflanzenschutzmittel, die daher am und im Teich verboten sind. Passen Sie auch sonst auf, denn ein Starkregen kann Mittel von Rosen & Co. abwaschen und in den Teich spülen, wenn man sie bei abschüssigem Gelände oberhalb des Teiches anwendet. Besonders gepflasterte Umrandungen oder ungemulchte Gartenbeete in Teichnähe sind problematisch, von denen der Regen belastete Erde oder Wirkstoffe ungehindert ins Wasser spülen kann. Beobachten Sie die Vorhersage und spritzen Sie nie vor einem zu erwartendem Starkregen.

SCHUTZ VOR SONNE UND HAGEL

Fische haben mit Hitze ein Problem, denn warmes Wasser wird sauerstoffarm und die wechselwarmen Tiere werden immer aktiver und brauchen noch mehr Sauerstoff. Im warmen Wasser kommen die Fische nicht zur Ruhe. Füttern Sie bei Hitze nur sparsam und lassen Wasserspiele nur nachts laufen, das kühlt den Teich. Tagsüber können sie das Wasser dagegen noch mehr aufheizen. Für Hagelschlag sind besonders die Seerosenblätter und Knospen anfällig. Wenn Hagel vorhergesagt ist, können Sie vorbeugend ein Netz spannen oder schicken die Seerose auf Tauchstation: Legen Sie Maschendraht oder Ähnliches auf die Seerosenblätter, die dann unter Wasser gedrückt werden. Reicht das Gewicht nicht, legen Sie noch zusätzlich einen Stein auf.

ALGEN & CO. BEKÄMPFEN

Algen sind das Problem Nr. 1 im Teich. Wärme und zu viele Nährstoffe im Wasser, schon wird's grün. In großen Teichen mit mehr als einem Meter Wassertiefe ist das mehr eine lästige Kinderkrankheit, die sich mit den Jahren und ohne Fischbesatz allerdings von selbst erledigt. Auch ohne Technik. Es stellt sich ein Gleichgewicht zwischen Wachstum und Abbau von

Bachläufe reichern das Wasser mit Sauerstoff an.

Krebsscheren sind natürliche Wasserfilter.

Pflanzenresten ein. Nur Fadenalgen werden immer mal wieder auftauchen, die sich aber mit einem Stock oder Kescher relativ gut abfischen lassen. Auch mit Temperaturschwankungen kommen tiefere Teiche gut klar.
Flache Teiche erwärmen sich schneller und verdunstetes Wasser wird mit kalkhaltigem Leitungswasser aufgefüllt, das für den Teich eigentlich ungeeignet ist. Abhilfe schaffen Springbrunnen oder Bachläufe zur Sauerstoffanreicherung und chemische Algenmittel, die für die Teichbewohner verträglich sind. Wenn Sie einen neuen Teich planen, dann nur mit ausreichender Wassertiefe, nicht in praller Mittagssonne und mit reichlichem Pflanzenbesatz.

GEBEN SIE BEI KLEINEN TEICHEN ODER MINITEICHEN IN FÄSSERN SCHON VORBEUGEND ALGENMITTEL INS WASSER. OHNE WIRD ES DORT NICHT FUNKTIONIEREN.

KLARES WASSER DURCH UNTERWASSERPFLANZEN

Laichkraut oder Tausendblatt und andere Unterwasserpflanzen reichern das Teichwasser mit Sauerstoff an, bieten Molchen und Fröschen Unterschlupf und ärgern gleichzeitig die Algen, indem sie ihnen die Nährstoffe einfach vor der Nase wegschnappen. Frei im Wasser schwimmende Pflanzen wie Froschbiss, Wassernuss oder auch Krebsscheren machen dasselbe – und bilden sogar noch leuchtend weiße Blüten. Von diesen Pflanzen kann man nicht genug haben. Fischen Sie regelmäßig abgestorbene Pflanzenreste ab, die Algen nach deren Abbau als Nahrung dienen.

Vogeltränke: für Rotkehlchen & Co.
oft überlebenswichtig.

Auch an Tiere denken

Hitze, Trockenheit und Starkregen stressen auch die Tiere. Ein kalter, nasser Mai kann der Vogelbrut zum Verhängnis werden, wenn die Eltern nicht genügend Futter finden können. Dann kann eine Zusatzfütterung mit Sonnenblumenkernen oder getrockneten Insekten aus dem Fachhandel Leben retten.

FRÜHBEZUG IM GARTEN

Hängen Sie einen Teil der Nistkästen und Nisthilfen früh im Februar auf, einen anderen Teil erst Ende März. Denn viele Zugvögel fliegen entweder gar nicht mehr fort oder es macht nur ein Teil der Population als sogenannte Teilzieher einen Kurztrip. Die bei uns überwinternden Vögel beziehen ihre Wohnungen dann natürlich schon sehr früh. Auf der anderen Seite wollen aber auch die Spätankömmlinge noch brüten. Ohne Ihre Hilfe finden diese sonst nur noch besetzte Nistplätze vor und gehen entweder leer aus oder müssen sich mit Notunterkünften begnügen.

VOGELTRÄNKEN AUFSTELLEN

Vogeltränken sind im Sommer oft die einzige Wasserquelle für Vögel und Insekten. Wenn Sie so einen Minipool aufstellen, müssen Sie ihn auch regelmäßig nachfüllen. Die Tiere verlassen sich darauf. Reinigen Sie die Tränke wöchentlich. Tägliches Putzen ist nur bei erkennbarem Kot im Wasser nötig, in der Natur gibt's auch keinen Poolservice. Lassen Sie die Vogeltränke beim Befüllen einfach überlaufen, das schwemmt Fremdkörper raus. Stellen Sie ein Vogelbad nicht vor ein Fenster. Es macht zwar Spaß, die badenden Vögel zu beobachten, an der Fensterscheibe können sie aber verunglücken. Irgendwelche aufgeklebten Vogel-Silhouetten bremsen keinen Vogel, sie sehen diese Aufkleber meistens nicht einmal.

Nisthilfen für Amsel & Co.

Wohnungssuche ist auch bei Vögeln ein Problem. Greifen Sie den Tieren daher mit Nistkästen unter die Flügel. Nisthilfen werden gerne angenommen – wichtig ist ein attraktives Angebot und eine 1-a-Wohnlage.

Nistkästen sollten ab März hängen.

WOHNRAUM FÜR HÖHLENBRÜTER SCHAFFEN

Nistkästen ersetzen natürliche Baumhöhlen oder Mauerspalten, die viele Vögel gerne als sichere Kinderstube nutzen. Je nach Witterung und Nahrungsangebot können die Vögel ein bis zwei Bruten jährlich großziehen – mit den milder werdenden Wintern immer häufiger zwei Bruten, da die Vögel im Frühjahr früher anfangen.

Vögel sind aber keinesfalls schnöde Hausbesetzer, sondern zahlen sogar Miete, indem sie eifrig Raupen und andere Schädlinge im Garten vertilgen. Ein rustikaler Kasten aus sägerauem Holz reicht als Nistkasten völlig, aber auch für stilbewusste Piepmätze und Gartenfans gibt es passende Wohnungen: Das Angebot reicht von Miniatur-Fachwerkhäusern bis hin zu DIY-Porzellanvillen aus Übertöpfen.

NISTHILFEN EINFACH IN DICHTES GESTRÜPP BAUEN

Neben dem Aufhängen von Nistkästen sind auch andere Nisthilfen für Vögel mit wenigen Handgriffen eingerichtet. Richten Sie Nisthilfen immer an mehreren

Für Bodenbrüter: Eimer in dichtem Gestrüpp

Stellen ein, das erhöht die Erfolgsaussichten. Die folgenden beiden Varianten funktionieren nach dem gleichen Prinzip und schaffen den Vögeln künstliche Nistplattformen in dichtem Geäst: Binden Sie einige abgeschnittene, trockene, aber stabile Zweige zu einem dichtem Bündel zusammen. Dieses befestigen Sie mit einer wetterfesten Schnur direkt unter einer bestehenden Astgabel, sodass das Reisigbündel eine Art Erweiterung der

Nisthilfe: Reisig unter Astgabel

Nisttasche: Die Wolle symbolisiert das Nest.

Astgabel wird. Das Bündel muss fest angebunden sein und darf nicht schaukeln. Auf schwankendem Boden nistet es sich nicht gut. Oder Sie motzen eine Astgabel auf und verstärken eine vorhandene Astgabel mit einigen stabilen Zweigen, die Sie fest an den Stamm binden.

NISTTASCHEN BAUEN

Aus gut einem Meter langen Kiefern-, Birken- oder Ginsterzweigen entstehen im Nu stabile Nisttaschen. Fichtenzweige sind ungeeignet, da sie ihre Nadeln nicht lange halten und die Vögel auf einmal mitten im Brutgeschäft ohne Deckung dastehen würden. Bündeln Sie die Zweige und binden Sie das Bündel zunächst gut einen Meter über dem Boden an einem Baumstamm fest. Biegen Sie das Bündel dann nach oben und binden es erneut fest. So entsteht ein geräumiger Hohlraum mit ausreichend Deckung zu den Seiten und nach hinten. Die Öffnung sollte natürlich nicht gerade zur Wetterseite zeigen.

AUCH AN BODENBRÜTER DENKEN

Rotkehlchen oder Zaunkönige brüten in Bodennähe oder dicht darüber. Graben Sie einen alten Eimer an einer geschützten Stelle zu etwa drei Viertel in den Boden ein und befüllen ihn etwas mit Erde. Der Eimer muss leicht nach vorne geneigt sein, damit kein Regenwasser hineinlaufen kann. Wichtig: Diese Nisthilfe ist nur sinnvoll, wenn sich nicht regelmäßig streunende Katzen im Garten aufhalten. Es ist natürlich nicht ausgeschlossen, dass auch Erdkröten in den Eimer einziehen und ihn als Versteck nutzen.

DAS RICHTIGE EINFLUGLOCH WÄHLEN

Mit dem Durchmesser des Einflug. lochs legen Sie fest, welcher Vogel im Nistkasten wohnen soll. 26 bis 28 mm sind für Kleinmeisen wie Blaumeise, Sumpfmeise, Tannenmeise oder Haubenmeise, 30 bis 32 mm für Kohlmeise oder Kleiber. Stare brauchen eine 42 bis 50 mm große Tür und mindestens 20 x 20 cm Brutfläche. Gartenrotschwänze lieben Einfluglöcher, die gut 48 mm hoch und 32 mm breit sind.

Insektenfreundlicher Garten

Schon eine bewusst bepflanzte Ecke mit insektenfreundlichen Pflanzen hilft weiter. Wer Platz hat, kann den Insekten auch eine größere Fläche bepflanzen.

Obwohl Insekten als Bestäuber unerlässlich sind, schrumpft deren Nahrungsangebot immer mehr, da die meisten Gärten für das menschliche Auge bepflanzt werden. Gefüllte Blüten kommen übrigens gar nicht gut an. Pollen und Nektar? Fehlanzeige. Und genau das brauchen die Insekten als Futter für sich und ihren Nachwuchs – sie holen sich Nektar von hunderten Blüten und sorgen damit für einen hohen Befruchtungserfolg.
Jede der Pflanzen ist für sich eine altbewährte Insektenweide, die Kombination sorgt dafür, dass auch das menschliche Auge nicht zu kurz kommt – es blüht immer etwas im Beet. Abgerundet wird alles noch von Frühlingsblühern, wie die Küchenschelle und die kaum bekannte Platterbse, die mit zu den ersten Nahrungspflanzen nach dem Winter gehören (alternativ auch Schneeglöckchen und Winterlinge).

EINKAUFSLISTE

PLATTERBSE: 2 Pflanzen

SOMMERFLIEDER 'BLACK KNIGHT': 1 Pflanze

FETTHENNE 'MATRONA': 2 Pflanzen

KÜCHENSCHELLE: 2 Pflanzen

PURPUR-SONNENHUT 'AUGUSTKÖNIGIN': 1 Pflanze

KLEINSTRAUCHROSE BIENENWEIDE 'BICOLOR': 1 Pflanze

SONNENBRAUT 'BIEDERMEIER': 1 Pflanze

LANGSPORNIGE AKELEI 'CRIMSON STAR': 3 Pflanzen

KLETTERROSE 'DORTMUND': 1 Pflanze am Obelisk

BERG-FLOCKENBLUME: 2 Pflanzen

KATZENMINZE: 2 Pflanzen

KISSEN-ASTER: 3 Pflanzen

Platterbse *(Lathyrus vernus)*
Blüte: blau-violett, IV bis V; 30 bis 40 cm hoch

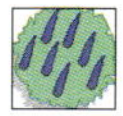

Sommerflieder (*Buddleja davidii* 'Black Knight')
Blüte: dunkelviolett, VII bis X; 2 bis 3 m hoch

Fetthenne (*Sedum telephium* 'Matrona')
Blüte: purpurrot bis rosa, VII bis X; 40 bis 60 cm hoch

Küchenschelle *(Pulsatilla vulgaris)*
Blüte: violett, III bis V; 20 bis 25 cm hoch

Purpur-Sonnenhut (*Echinaceae purpurea* 'Augustkönigin')
Blüte: purpurrosa, VII bis IX; 70 bis 80 cm hoch

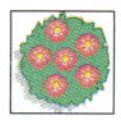

Kleinstrauchrose Bienenweide 'Bicolor'
Blüte: rosa-apricot, VI bis X; 40 bis 60 cm hoch

Sonnenbraut (*Helenium x cultorum* 'Biedermeier')
Blüte: braun-rot, gelb VII bis X; 70 bis 150 cm hoch

Langspornige Akelei (*Aquilegia caerulea* 'Crimson Star')
Blüte: purpurrot, weiß, V bis VI; 40 bis 50 cm hoch

Kletterrose 'Dortmund'
Blüte: blutrot, VI bis IX; 3 bis 3,5 m hoch

Berg-Flockenblume *(Centaurea montana)*
Blüte: blau, V bis VII; 30 bis 40 cm hoch

Katzenminze (*Nepeta x faassenii*)
Blüte: blau oder weiß, V bis VIII; 30 bis 40 cm hoch

Kissen-Aster *(Aster dumosus)*
Blüte: hellviolett, IX bis X; 20 bis 40 cm hoch

2,5 m
5,0 m

Beetplan

Blumenmeer aus der Tüte

Ausstreuen, vergessen, genießen – das Konzept der Blumenwiese aus der Tüte ist so einfach wie genial: Überall dort, wo man Ruhe vorm Jäten und Gießen will.

Die Pflanzen wachsen in einem kunterbunten Durcheinander wie sie wollen – ein gepflegtes Chaos, von dem Menschen, aber auch hungrige Insekten profitieren. Gemäht wird nur einmal im August. Der Haken: Die meisten Pflanzen brauchen sandigen, nährstoffarmen Boden. Lehm also mit Sand abmagern. Das Saatgut gibt es zum Beispiel als Wildblumenwiese, Schmetterlingswiese oder Bienenweide von Markenherstellern zu kaufen. Die Beete eignen sich für vollsonnige Flächen und werden bis spätestens Mitte Juni ausgesät: Den Boden lockern und dabei möglichst unkrautfrei machen, die Saat breitwürfig ausstreuen, antreten und sie dann bis zum Keimen feucht halten. Die enthaltenen – in der Regel einjährigen – Pflanzen sollen sich nach Herstellerangaben durch Selbstaussaat erhalten, machen das aber oft nicht zuverlässig. In der Praxis helfen Sie am besten immer mit etwas neuem Saatgut aus. Das können Sie entweder nachkaufen oder auch aus den Samenständen der Pflanzen selber gewinnen.
Inzwischen gibt es mehr und mehr Mischungen, die sich lokal im öffentlichen Grün besonders bewährt haben und daher auch mit regionalem Klima bestens zurechtkommen. Wenn Sie garantiert Erfolg haben möchten, greifen Sie also zu. Regionale Fachmärkte bieten diese Mischungen in unterschiedlichen Packungsgrößen für jede Flächengröße an.

1: Kornblume *(Centaurea cyanus)*
Blüte: blau, V bis VII; 30 bis 40 cm hoch

2: Klatschmohn *(Papaver rhoeas)*
Blüte: rot, V bis VIII; 30 bis 90 cm hoch

3: Kalifornischer Mohn
(Eschscholzia californica)
Blüte: gelb-orange, VI bis X; bis 40 cm hoch

4: Sommer-Schleierkraut *(Gypsophila)*
Blüte: weiß, V bis VIII; 15 bis 25 cm hoch

5: Schafgarbe *(Achillea millefolium)*
Blüte: weiß, VI bis VIII; 40 bis 60 cm hoch

1
2
5
4
3

NÜTZLICHE ADRESSEN

INFORMATIONEN

Bayerische Gartenakademie
Bayerische Landesanstalt für Weinbau und Gartenbau
An der Steige 15
97209 Veitshöchheim
Tel.: (09 31) 98 01-154
Gartentelefon: (09 31) 98 01-147

Naturschutzbund Deutschland e.V.
NABU Bundesgeschäftsstelle
Charitéstr. 3
10108 Berlin
Tel.: (0 30) 28 49 84-0
E-Mail: NABU@NABU.de
www.nabu.de
➜ Er setzt sich aktiv für Mensch und Tier ein. Hier erhalten Sie weitere ökologische Tipps rund um Haus und Garten, naturnahe Gärten, Pflanzenschutz, Wildwiese.

AMTLICHE PFLANZENSCHUTZBERATUNG

www.pflanzenschutzdienst.de

STAATLICHE BODENUNTERSUCHUNGSINSTITUTE

www.vdlufa.de
➜ Bei diesen Instituten erhalten Sie Beratung zur Analyse Ihrer Bodenproben und können Ihre Gartenproben untersuchen lassen. Es sind die Landwirtschaftlichen Untersuchungs- und Forschungsanstalten LUFA.

PFLANZEN

Baumschule Horstmann
Bergstr. 5
25582 Hohenaspe
Tel.: (0 48 92) 89 93-400
E-Mail: info@baumschule-horstmann.de
www.baumschule-horstmann.de
➜ Laub- und Nadelgehölze, Rosen, Rhododendron, Kletterpflanzen, Obstbäume, Stauden, Bodendecker

Kordes Rosen
Rosenstr. 54
25365 Klein Offenseth-Sparrieshoop
Tel.: (0 41 21) 4 87 00
E-Mail: info@kordes-rosen.com
www.kordes-rosen.com

Rosen Tantau
Tornescher Weg 13
25436 Uetersen
Tel.: (0 41 22) 70 84
E-Mail: verkauf@rosen-tantau.com
www.rosen-tantau.com

Noack Rosen
Im Fenne 54
33334 Gütersloh
Tel.: (0 52 41) 2 01 87
E-Mail: info@noack-rosen.de
www.noack-rosen.de

Rühlemann's
Auf dem Berg 2
27367 Horstedt
Tel.: (0 42 88) 92 85 58
E-Mail: info@kraeuter-und-duftpflanzen.de
www.ruehlemanns.de
➜ Kräuter und Duftpflanzen

Staudengärtnerei Gaissmayer
Jungviehweide 3
89257 Illertissen
Tel.: (0 73 03) 72 58
E-Mail: info@gaissmayer.de
www.gaissmayer.de
➜ Stauden, Gräser, Blumenzwiebeln, Biokräuter, Biosaatgut

Bingenheimer Saatgut AG
Kronstr. 24–26
61209 Echzell-Bingenheim
Tel.: (0 60 35) 18 99 – 0
E-Mail: info@bingenheimersaatgut.de
www.bingenheimersaatgut.de
➜ Biosaatgut von Gemüse, Kräutern und Blumen; viele alte Pflanzensorten erhältlich

Kiepenkerl / Nebelung GmbH & Co.
Bruno Nebelung Online-Shop
www.nebelung.de
➜ Im Online-Shop Vertrieb von über 2.000 Gemüse-, Kräuter- und Blumensorten als Saatgut. Außerdem Blumenzwiebeln und Pflanzkartoffeln

Flora Toskana
Schillerstr. 25
89278 Nersingen OT Strass
Tel.: (0 73 08) 9 28 33 87
E-Mail: info@flora-toskana.de
www.flora-toskana.com
➜ mediterrane, subtropische und tropische Toppflanzen

REGISTER

BILDNACHWEIS

Mit 275 Farbfotos
208 Farbfotos wurden von Thomas Heß für dieses Buch aufgenommen.

Weitere Farbfotos von:
Botanikfoto: /Steffen Hauser S. 49 li, 68 oli, 68 uMi, 68 ure, 69 uMi, 70 ore, 71 oMi, 88 (2), 99 (2), 99 (4), / Hans-Roland Müller S. 69 ore, 95 oMi; Brunc Nebelung GmbH: S. 70 uli; Flora Press: /BIOSPHOTO S. 1, / Ardea S. 2 oli, 4, /Otmar Diez S. 2 ore, 40, /BIOSPHOTO S. 14, /Royal Horticultural S. 25 oli, /GWI S. 44 li, / Visions S. 49 ore, /Arnaud Descat S. 65 ure, /Nova Photo Graphik S. 68 ore, /Visions S. 68 uli, /John Glover S. 69 oMi, /gartenfoto.at S. 69 uli, /Botanical Images S. 86 (1), /Nova Photo Graphik S. 86 (2), /Kubacsi S. 86 (4), /GWI S. 88 (3), / /Otmar Diez S. 88 (5), /Bildagentur Beck S. 93, /Thomas Lohrer S. 108 Mi, re, / BIOSPHOTO S. 109 re, /gartenfoto.at S. 111 li, /Derek St. Romaine S. 111 re, /gartenfoto.at S. 115 li; GAP Gardens: /Jonathan Buckley S. 33 re, /Paul Debois S. 45, / Lee Avison S. 69 ure; Gartenschatz: S. 12 oli, 62 ore, 64 uli, 64 ure, 65 oli, 65 ore, 65 uMi, 86 (3), 88 (1), 90 (1), 98 (5); Frank Hecker: S. 19 ure; Kordes Roser: S. 103 Mi, 104 ore, ure, 105 oMi, uMi; mauritius images: /Alamy, Tim Gainey S. 2 ure, 116, /Alamy, Zoonar, Peter Himmelhuber S. 18 uMi, /Alamy, E. Petersen S. 47; Shutterstock: /Miyuki Satake S. 2 uli, 48 li, /Robby Fontanesi S. 48 re, /Lore Patterson S. 71 ore, /Kasabutskaya Nataliya S. 71 uMi, /FunFamilyRu S. 94 ure, / Henri Koskinen S. 107 li; Rosen Tantau: S. 104 oli, uli, uMi, 105 oli, ore, uli; ure;

Mit 21 Illustrationen von:
Claudia Schick, Neumarkt: S. 72, 73, 74, 75, 76, 77, 78, 79, 80, 81, 82, 83, 84, 85, 120, 121;
Thomas Heß: S. 46 beide, 96 beide;
Bund deutscher Baumschulen e.V. (BdB): S. 103 ore.

IMPRESSUM

Umschlaggestaltung von Gramisci Editorial Design unter Verwendung eines Farbfotos von GAP Photos/Tim Gainey (Umschlagvorderseite), eines Farbfotos von Flora Press/Botanical Images (Umschlagrückseite); Fotos von Thomas Heß (alle hintere Innenklappe, vordere Außenklappe oben), Flora Press/GWI (vordere Außenklappe unten), Botanikfoto/Hans-Roland Müller (vordere Außenklappe Mitte) sowie Farbzeichnungen von Claudia Schick (alle vordere Innenklappe)

Alle Angaben in diesem Buch sind sorgfältig geprüft und geben den neuesten Wissensstand bei der Veröffentlichung wieder. Da sich das Wissen aber laufend in rascher Folge weiterentwickelt und vergrößert, muss jeder Anwender prüfen, ob die Angaben nicht durch neuere Erkenntnisse überholt sind. Dazu muss er zum Beispiel Beipackzettel zu Dünge-, Pflanzenschutz- bzw. Pflanzenpflegemitteln lesen und genau befolgen sowie Gebrauchsanweisungen und Gesetze beachten. Die Blütenfarben sind sortenabhängig, daher können auch Farben auf dem Markt sein, die im Buch nicht genannt werden. Die Blütezeiten sind ebenfalls sortenabhängig, aber auch klima- und standortabhängig. Die angegebenen Wuchshöhen und -breiten der Pflanzen sind Mittelwerte. Sie können je nach Nährstoffgehalt des Bodens variieren. Verschiedene Sorten können deutlich größer oder auch kleiner wachsen als die Art.

FSC www.fsc.org MIX Papier aus verantwortungsvollen Quellen FSC® C084279

Unser gesamtes Programm finden Sie unter **kosmos.de**. Über Neuigkeiten informieren Sie regelmäßig unsere Newsletter, einfach anmelden unter **kosmos.de/newsletter**

Gedruckt auf chlorfrei gebleichtem Papier

ISBN 978-3-440-16764-9

Projektleitung: Birgit Grimm
Redaktion und Bildredaktion: Birgit Grimm
Gestaltungskonzept: Gramisci Editorial Design/ Cornelia Sekulin
Gestaltung und Satz: Daniela Petrini, A-Reutte
Produktion: Klaus Jost
Druck und Bindung: Print Consult GmbH, München
Printed in Austria / Imprimé en Autriche

DER AUTOR

Thomas Heß schreibt und fotografiert seit über 15 Jahren zu den Themen Garten, Natur und Wohnen. Als Journalist, gelernter Gärtner und Gartenbauingenieur treffen bei ihm Fachkompetenz und Erfahrung auf langjährige Freude am Gärtnern, Handwerken und natürlich am Experimentieren. Ob Gemüsebeete, Rasen, Rabatten, Gartenteiche oder Pflanzenvermehrung – wächst nicht, gibt's nicht!
Er schreibt und fotografiert unter anderem für das DIY-Magazin „Selbst ist der Mann“, die Taspo und diverse Onlineportale wie „Mein schöner Garten“. Alle seine Tipps haben sich im Gartenalltag bewährt und die Fotos entstehen direkt in der Praxis – da darf dann auch schon mal ein Fleckchen auf der Hose und unter den Fingernägeln sein.